Stephan Sammeth

JADE

Stephan Sammeth

Jade

Pa Verlag

Die Deutsche Nationalbibliothek verzeichnet diese Publikation in der Deutschen Nationalbibliografie; detaillierte bibliografische Daten sind im Internet über dnb.dnb.de abrufbar. Die Schweizerische Nationalbibliothek (NB) verzeichnet aufgenommene Bücher unter Helveticat.ch und die Österreichische Nationalbibliothek (ÖNB) unter onb.ac.at.

Unsere Bücher werden in namhaften Bibliotheken aufgenommen, darunter an den Universitätsbibliotheken Harvard, Oxford und Princeton.

Stephan Sammeth:
Jade
ISBN: 978-3-03830-583-5

Buchsatz: Danny Lee Lewis, Berlin: dannyleelewis@gmail.com

Paramon® ist ein Imprint der
Europäische Verlagsgesellschaften GmbH
Erscheinungsort: Zug

Sie finden uns im Internet unter: www.paramon.de

Liebe sei das Gesetz des einzig' freien Wollens wahr …
… dann wird der Traum zur Wirklichkeit sehr …
… und somit alles »Nichts«, was wa(h)r – wird »Alles«, auf einmal, ganz wunderbar.

Je näher Du dem Licht kommst, desto größer wird DER Schatten.
Computerspiel: Kingdom Hearts

Der Preis der Freiheit liegt in ewiger Wachsamkeit.
Thomas Jefferson, 1743–1826

Nur wer selbst sich (er-)kennt, erstrahlt in voller Gänze des Lichts, nur dieser hält die Macht über »Alles«, die Macht über »Nichts«.
Von hier an gilt diese Regel nun,
ein Gesetz der Muse und des Rechts.
Denn man sollte wirklich nicht zu viel,
und manchmal einfach einmal ruhn.

Das sei der Preis der ewigen Freiheit und der Versuchung zugleich …
nicht mehr und nicht weniger – dies sei Dein Reich!

Inhaltsverzeichnis

Prolog

Alter theosophischer Auszug:

Das Reich des Drachen

Zeit des Drangsals und des Todes, verflucht sind Deine schwarzen Wurzeln des Todes. Stinkend und ätzend Dein Atem. Wie ein Wurm im Bewusstsein des Rechtschaffenen. Verborgen hinter Symbolen der Macht ziehst Du Deine Fäden, einen jeden verfluchst Du durch Dein Geschwätz. Wie eine Spinne spinnst Du Weben der Lüge und der Illusion. Das reine Herz, gutgläubig und ängstlich, klammert sich an Dein Gesetz, nicht ahnend, dass dies seinen Untergang bedeutet.

Doch wisset, die Lüge ist enttarnt, das Netz schon lange durchschnitten. Deine Lügen haben keine Kraft und damit fällt Deine Macht. Denn siehe, ich werde das heilige Feuer meines Vaters auf die Welt werfen und die Welt wird brennen. Alles Unreine wird bis ins letzte Glied verbrannt werden. Ich sehe Eure Lügen, durchschaue Eure Illusionen, habe mich befreit aus den Klauen des Drachen.

Auf dem Throne der Hure Babylons sitzt sein Diener, doch siehe in seine Augen, verbergen kann er es nicht, sein Gesicht einer Ratte gleich. Öffnet Eure Augen, denn ich sage Euch, das Reich Gottes wird in Deutschland auferstehen. Diesmal wird der Träger nicht verführt werden durch die Lanze! Denn der Vater selbst erzieht seinen Sohn diesmal selbst, um ihn rein zu halten von der Versuchung der Bruderschaft der Schlange.

Siehe, er wird auferstehen, der die beiden Welten in sich vereint, er vereint das Männliche und das Weibliche zum Zwecke der Einheit, aufhalten könnt ihr Ihn nicht. Dann wird wieder Gerechtigkeit herrschen und jeder, der dem Drachen diente, wird ihm auch weiterhin dienen, in seiner eigenen Hölle bis in alle Ewigkeit, AMEN.

Wer Augen hat zu sehen, der sehe, wer Ohren hat zu hören, der höre, wer Weisheit erlangt hat, der schweige bis zum Tage des Morgensterns!

– Autor unbekannt –

Stechendes Licht schneidet weichen Flaum in viel zu unsaubere Facetten. Ein endloser Augenblick, so glaubt man, festgefroren im eigenen Spiegel der Zeit. Das Spektrum aller Möglichkeiten auf einen einzigen Punkt gebracht, die absolute Präzision. Diese Bewegung lässt sich nur erfassen, nachdem sich die Augen auch wirklich einmal ganz geschlossen haben, um sich erst dann wieder zu öffnen, und nicht vorher.

Kapitel 1

Die tanzenden Mosaiksteinchen wirbeln augenblicklich, als klare Quadratmuster erkennbar. Dann, wirklich schnell, forciert ein heller Schemen, anmutig bizarr, zu einem sehr fremden, aber wohlbekannten Gesicht. In gerade diesem Moment einer gänzlich vollkommenen Überlappung durchbricht kaltes Wispern, plötzlich ganz abrupt, eine schockierend kalte Welle, starre Wand Eis. Unter höchstem Kraftaufwand, aber schließlich doch das wohlbekannte, kräftige Rauschen. »Drei, zwei, eins«, hört man ganz leise flüstern. Stille. Im gleichen Atemzug segeln unzählige Wassertröpfchen durch die Luft. Ihr einziger Zweck, endlich zeitlos schillernd auf den Körper zu treffen. Ihr eigenes kleines Ritual, damit kann sie dann den Tag beginnen lassen. Manche Menschen glauben an einen Gott und andere wiederum meinen, an nichts glauben zu wollen. Doch es steht wohl außer Frage, dass man nichts mit Bestimmtheit zu wissen glauben kann. Sie glaubt eben, dass ihr dieses Zählen hilft, um den Temperatursturz in Gedanken vorwegzunehmen und sich so schneller an diese bestimmte Sache zu gewöhnen. »Eine Sache, die doch gar nicht nur eine Sache ist«, murmelte sie. Sie wusste auch noch nicht so genau, wohin sie gerade als Nächstes ging. Kontrolle. Denn man sollte ja schon zu einem Zeitpunkt irgendwo einmal sein und bleiben. Selbstverständlich entschied dann auch ganz plötzlich dieser eine Gedankengang, sich mit unzählig vielen Assoziationsmustern als Funken sprühender Sternenstaub zu vermengen. »Geteilte Körper«, muss sie selbst darüber fast schon lachen – witzig. Flugs öffnet sie jetzt das grün schimmernde, fast zerbrechlich wirkende Spiegelschränkchen. Der letzte Makel war schnell behoben und nun konnte man sich auch bedenkenlos auf der Straße zeigen. Genial! Dann schlängelt ihre Hand unvermutet an palisadenhaften Türmen bunter Kosmetikartikel vorbei, vollkommen blind, den richtigen scheinbar aus dem Chaos selbst herbeizaubernd. Der Rosenduft erinnert sie immer an eine sternenklare Vollmondnacht. Das Weiß der Tube, gewaltig gepresst, schmiegt sich Ton in Ton an den Untergrund. Ein auf den Punkt platzierter Faustschlag und das Licht war aus. Morgens bleibt einem ja immer viel zu wenig Zeit. Wo geht die eigentlich immer nur hin? Peinlichst genau kontrolliert sie ihren Wecker an jedem Abend, kurz bevor sie sich schlafen legt. Allein die Angst, es könnte etwas passieren, was Angst erzeugt, reicht völlig aus, schon Angst zu kriegen. Angst vor der Angst. Das veranlasst Menschen, mit Vorsicht Barrieren zu schichten. Denn welcher annähernd verstandesbegabte Mensch würde sich schon freiwillig so ein Gefühl herbeisehnen? Ein verstohlener Blick auf die Uhr aus Gewohnheit. Ein kleines »Kraftwerk« nennt sie so was, mit »eigener Strom- und Zeitrechnung«, und sie fährt fort, die winzigkleinen und unzähligen Details in ihrer einheitlichen Bewegung zu beobachten – viel zu winzig, diese kleinen Zahnrädchen, als dass so ein Uhrwerk vom Menschen gänzlich erfasst werden könnte. Jedes dieser Rädchen setzt wohl eine neue Richtung fest, so muss das wohl sein. Aber das alles gleichzeitig zu sehen, das scheint absolut unmöglich. Genau genommen sieht man nur immer ein bestimmtes Rädchen. Sie scheinen viel zu winzig. Die anderen schwimmen stets zum Rand der Bedeutungslosigkeit.

Solche Gedanken macht sie sich gern. Sie denkt dann auch meistens lieber in Dinge hinein als über sie nach. Denkt man nur wirklich lange und tief genug, denkt man gar nicht mehr, dass man nur denkt – und verstehen, das tut sie dann genau so, wie sie es eben kann. Bei so einer ungewöhnlichen Denkweise eröffnen sich oft unversehens neue Wege, um alte Routinen der Handlungen auszublenden. Denn sie mag keine Probleme oder Schwierigkeiten und ihr Rezept ist die Lösung vor dem Problem. Ganz schön praktisch, so eine prophylaktische Gedankenhandlung. Das Verfolgen einer bekannten Bewegung vermittelt doch jedem ein Gefühl von Sicherheit. Die Sicherheit, den Wecker gestellt zu haben, um schlafen zu können. So besteht die Möglichkeit, einen Stolperstein aufzuheben oder drüberzuschweben. Ihm aus dem Weg zu gehen, wäre keine Lösung. Sie beschließt dann, sich die Steine einfach nur wegzudenken oder diese sogar in Gedanken zu fragen, ob sie sie bitte nicht einfach nur vorbeilassen könnten.

Wenn man will, kann man dann auch reisen, wohin man möchte, in die Welt, in die man möchte. Genauso schnell kommt kalte Realität im Bewusstsein den Rücken hochgekrochen und die Bedeutung der Situation, ernst erkannt, zieht an Gedanken schwer hinab. Das reicht vollkommen, um diese wunderschönen Welten blühender Fantasie wie einen stillen Wasserfall in den Gully zu spülen. Die Schule fängt um 8:00 Uhr an. Da bleibt wohl nicht viel Zeit und sie zog es vor, diesem stählernen Plan unter gar keinem Umstand zu trotzen. Das war noch nie vorgekommen. Das sollte auch so bleiben. Ein bisschen so wie ein Wettrennen gegen eine Maschine. Ist sie der Hase, ist sie der Igel? Oft, wenn man so tief in Gedanken schwelgt, findet man sich plötzlich in einem Zimmer, ohne sich dabei ertappt zu haben, dahin gegangen zu sein. Verlockend, ein so herrlich gedeckter Küchentisch, und sie schlingt, mal wieder viel zu schnell, die bunt glasierten Brötchen, mit dunklem Kakao getränkt, hinunter.Nicht mal die Leere selbst, zur bevorstehenden Sättigung hin, hält sie ab, den Küchentisch zu verlassen. Schnell die Tasche. Denn der Bus, der wartet nicht.

Dies ist die Geschichte von einem ganz besonders kreativen Mädchen. In diesem Augenblick hastet sie zur Bushaltestelle, an der der Bus in zehn Minuten abfahren wird. Wenn sie so richtig schnell rennt, dann schafft sie sogar, die acht Minuten Weg auf drei zu pressen. Das hat sie sich ausgerechnet. Warum rennt sie nur, wenn der Bus doch in jedem Fall erst in zehn Minuten die Haltestelle erreichen wird? Die Ursache liegt näher, als man zunächst vermutet, denn das Mädchen rennt nur, um zur Haltestelle zu rennen. Das hat dann in ihren Augen erst einmal gar nichts mit dem Bus an sich zu tun. Der kommt nach wie vor in zehn Minuten. An den denkt sie vermutlich nicht einmal, bevor sie ihn nicht gesehen hat und dann wirklich darin sitzt. Ein erstaunlich kreatives Temperament, sich ständig neue Möglichkeiten der Dinge einfallen zu lassen, die Welt auf ganz eigentümliche Weise zu färben. Da sie heute, scheinbar, ja ganz besonders gut gelaunt ist, rennt sie. Nicht wegen des an der Decke hängenden Zeigefingers, der nur auf den ein-

zigen Moment wartet, sie an der Haltestelle einzuholen, um sie zu verurteilen. Heute ist Freitag und sie hat gute Laune, weil sie rennen darf. Das kommt nicht daher, weil das Wochenende vor der Tür steht. Sie hat vielmehr einfach beschlossen, am Freitag zu rennen, und freut sich darauf auch schon gern mal länger. Sie hat dann bei dieser fürs Rennen wirklich sehr kurzen Strecke das Gefühl, nicht sie selbst sei es, die sich bewegt. Die ganze Welt bewegt sich um sie. Viele, die sie dann so sehen am Freitag und das noch nicht wissen, erstarren blitzartig in ihrer Bewegung. Nach kurzem Überlegen kommen manche sogar auf die Idee, ebenfalls zu rennen, ihr hinterher. Fast schon wie ein kleines Wunder, das sich überträgt. Dass die gleichen Leute dann umso verärgerter sind, wenn sie, an der Haltestelle angekommen, überraschenderweise feststellen, mehr Zeit als geplant zur freien Verfügung zu haben, bringt ihr nicht nur Sympathien ein. Ein solcher Morgenmuffel begegnet nicht selten einem Muffelmonster mit Beschimpfungen und haltlosen Beschwerden – doch jeder, der das dann weiß, kann ihr auch nicht wirklich lange böse sein. So unbeschwert, wie dieses Mädchen morgens wie von einer Tarantel gestochen an ihnen vorbeiwetzt – die Umwelt scheint sich, in ihrer ganz eigenen Interpretation der Dinge, zur allgemeinen Erleichterung doch daran erfreuen zu können. Zum Glück wohnt sie in einem kleinen Dorf, und wartet man nur lange genug, dann wird sich auch das noch herumsprechen. Aber bestimmt wird sie dann schon gar keine Lust mehr haben zu rennen. So kommt's, dass ironischerweise dieses Mädchen, das den Namen eines schweren Steines trägt, an diesem Tag federleicht den Bus zuallererst besteigt.
Ein kurzer Rundumschwenk reicht, um sicherzustellen: Der Bus ist wirklich noch leer. Wen wundert so etwas schon, steigt man als erste Person an der ersten Haltestelle ein?Auch das war dem Mädchen ganz bestimmt nicht wichtig. Bald würden sich die Sitzreihen bis zu den Stehplätzen mit Menschenmassen füllen. Es sind nur Schüler, denn die Erwachsenen haben eigene Busse, die später fahren, und das ist denen auch meistens lieber. Bequem und sicher.

Ihr Lieblingsplatz: möglichst in der Mitte und da in Fahrtrichtung links. Es ist kein Geheimnis, dass in Schulbussen Sitzreihenrivalitätskämpfe stattfinden. Je weiter man nach hinter kommt, umso mehr steigt die Wahrscheinlichkeit des potenziellen Pegels, Geisel eines höheren Machtkampfes zu werden. Das setzt natürlich erst einmal voraus, als ein vorderer Reihensitzer-Spion ertappt zu sein. Die Wahl des Platzes sollte wirklich mit ausgesprochen sorgfältiger Überlegung getroffen werden. Der Schwierigkeitsgrad steigt nämlich kontinuierlich an. Man sollte absolut bereit sein, diesen Platz auch mutig zu verteidigen, falls das die Situation gegebenenfalls erfordert. Was man auch noch beachten sollte: Andere Schüler verteidigen ebenfalls ihr Territorialgebiet, das sich nicht selten über mehrere Sitzreihen erstreckt. Erst dann beweist man wirklich, den Level dieser Sitzreihe zu beherrschen, und darf getrost entspannen. »Fast wie in einem Computerspiel«, denkt sie und setzt sich nun. Da zieht sie schon ihr Buch aus der Tasche und beginnt zu lesen, ihre zweite Lieblingsbeschäftigung. Lesen bietet eine gute Möglichkeit, fremde Gedanken als eigene Bilder in sich aufzunehmen. Ganz anders als beim Fernsehen zum Beispiel. Da laufen fremde Bilder vor einem ab und es wird erwartet, dass sie von jedem Menschen gleich geschluckt werden. So was nennt sie dann »farblos«. Womöglich auch ein Grund, warum immer mehr Menschen heutzutage sich plötzlich entscheiden, schwarz-weiß zu träumen; sie hörte das nur nebenbei in einem Gespräch und es wirkte gleich ein bisschen beängstigend. Ein Traum ohne Farbe ist wie Essen ohne Teller – manchmal ist das nett, aber sie würde das wirklich nicht ständig tun wollen, da würde sie mit Sicherheit etwas vermissen. Ganz schnell blendet sie über und befindet sich in ihrem Fantasybuch. Da gibt es immer so mutige Menschen, das bewundert sie. Auch irgend so ein böses Monster, das aus einem völlig unverständlichen Grunde ganze Städte verwüstet und dennoch die Macht besitzt, es zu tun. Die Helden schlagen das Monster in jedem Fall, werden gefeiert und die Welt ist gerettet. So geschieht das meistens und sie kann sich eigentlich nicht erinnern, jemals ein Buch gelesen zu haben, das ein anderes Ende auch nur in Erwägung gezogen hätte. Wenn Weiß verliert, heißt das noch lange nicht, dass Schwarz gewonnen hat. Nicht anders verhält sich das ja beim Schach und es wäre nur mal die Aufgabe eines guten Autors, den Leser ein bisschen zu überraschen. Also Lesen nur um der Geschichte willen. Neben den Helden und den Monstern gibt's aber auch noch eine dritte Partei, die aus einem noch viel seltsameren Grund stets beschließt, ihre Fäden im Hintergrund zu ziehen. Zeigt sie sich dann doch endlich mal, kann man sich wirklich auf alles gefasst machen. Die Hexen und die Zauberer eben, die gefielen ihr noch am besten. Ohrenbetäubender Lärm ohne Orientierung im Raum. Sie erschrickt ganz plötzlich und findet sich erneut in dem Bus. Die Anwesenheit des kleinen Mädchens neben ihr war ihr völlig entgangen. Diesmal fühlt man sich aber wie in einem Gefangenentransport zu einer Ölsardine gepresst. Körper an Körper und Schweiß an Schweiß. Ein Gebetskauderwelsch aus vielen Stimmen, die alle etwas zu sagen wissen. Ein Altar, gleich zwei Reihen hinter ihr, und direkt daneben ein Scheiterhaufen mit Henker. Sie kann nicht genau verstehen, was da gerade gesagt wird. Dazu hört sie die Stimmen noch zu unsortiert gerichtet. Auch die Akustik des Raumes scheint die Stimme selbst aus irgendeinem Grund heraus einfach nicht widerspiegeln zu wollen. Aber zu sehen, dass ein kleinerer Junge von zwei älteren, und zwar über die Rücksitzbank, einen Kaugummi ins Haar geklebt bekommt, reicht völlig, um den Sachverhalt korrekt der Situation zu entnehmen. »Der war ja dann wohl ganz sicher falsch gesessen.«Sie schüttelt nur ihre Strähnen und macht sich weiter daran, ihr Buch zu lesen. Doch das ging dann auch nicht mehr so konzentriert. Einmal so ein Bild aufgeschnappt, war es jetzt in ihrem Kopf drinnen und brannte sich dann ein wie Feuer auf der Haut. Man erhält einen Abdruck. Individualität. Eine Schallplatte, die einen neuen Kratzer bekommt, um nicht aus der Spur zu gleiten.

Leider ist sie nicht so mutig wie so ein Superheld aus ihrem Fantasybuch, und besondere Kräfte, die hat sie bedauernswerterweise auch nicht. Was hätte sie da schon tun können? Fängt man einmal an, die Gedanken ohne einen Fokus zu werfen, bildet jeder einzelne Gedanke einen weiteren, und das noch zur gleichen Zeit. Man merkt das leicht, bleibt als gerade Logik doch nur eine Frage, zuletzt schräg. Bewegt sich ein Denkmuster hüpfend wie ein unberechenbares Gefühl, entspricht es zugleich seiner eigenen Verwirklichung. Analog zum Grad der Unsicherheit über die eigene Ausgangssituation krümmt sich die Zeit; sie verfliegt im Nu. Der Bus ist angekommen –Endstation.

Morgens wirken Städte noch am erträglichsten. Die Atmosphäre ist dann wenigstens mit nicht ganz so vielen Menschen gedrückt. Die vielen Schächte der Geraden meist durchgehend leer. Ebenso ist die Luft zum Atmen noch relativ stickstoffarm. Der Schock im Bus reichte fürs Erste und sie navigiert ihren Weg zielstrebig an den Parkanlagen entlang. Will man vom Bahnhof zur Schule, dann kann man auch mit der Straßenbahn fahren. Allerdings schlägt diese entsprechend ihrer vorgeschriebenen Bahn einen recht großen Umweg und im Endeffekt erreicht man genauso schnell sein Ziel. Pünktlich. Viele wissen das gar nicht und nehmen die Bahn. Die tun das dann, weil viele die Bahn nehmen. So was versteht sie nicht und will sie auch nicht verstehen und bemüht sich weiter, pünktlich anzukommen. Die Häuser, schattig grau, wirken mit ihren schwarzen Fenstern irgendwie totenkopfartig. Der neoncremige Anstrich und die farblosen Dachgiebel pilzkopfartig. Trotz der Tatsache, dass eine Stadt mit grellem Bunt geradezu überquillt, kann sie keine echte Färbung daraus lesen. Die strahlende Werbung ist doch nur stechende Illusion. Wie naiv manchmal. Wenn sich Schimmel an der Wand bildet, dann klebt man doch auch nicht einfach eine neue Tapete darüber und hofft, das würde keiner merken. Sicher – man könnte das tun. Die Farben sind nicht echt, nicht mal die Menschen sind echt. Sie verhalten sich ebenso unwirklich maskiert. Man versucht, ein vorhandenes Loch mit einem grauen Taschentuch zu stopfen, das schon einen viel älteren Riss vergebens zu flicken versuchte. Nur eine weitere Attrappe ursächlich einer Attrappe. Wie rücksichtslos. Das wirkt alles andere als einladend auf sie. Die Straßen sind schwarz. Die Lichter stereotyp. Das alles eine rissige Werbefläche zwecks Kopie von einer Kopie. Eine Spezialisierung zur weiteren Zweckentfremdung. Das nennt sich Entwicklung. Die grünen Bäume, die jetzt kommen, fühlen sich an wie ein Dunst zerstäubter Regentröpfchen in der Wüste. Sofort schnappt sie heftig nach Luft, als wäre ihr die Kehle minutenlang zugeschnürt gewesen. Einfache Entspannung. Sie macht die Augen beim Gehen zu und versucht, die feuchte Umgebung aufzusaugen wie einen Schwamm. Kleine Energiesphären, die direkt jede Zelle ihres Körpers erfrischen. Die Farbe Grün. Dort drüben, auf der rot gelatteten Holzbank, da liegt sogar jemand und schläft, wundert sie sich. Sieht irgendwie merkwürdig aus. Er ist lediglich mit einem ganz dünnen Zeitungslappen bedeckt. Das einzig Störende auf ihrer Bahn: einige Flaschenkegel mit Abfallkugeln. Eine Ameisenkolonne perlt auch schon schnurstracks dagegen, um etwas zu unternehmen. Es würde nicht lange dauern, dann wäre der Platz wohl vollkommen sauber. Steril. Das nennt sich dann wiederum natürlich. Gleich hinter dem stämmigen Eichentor, da kommt die dicht befahrene Hauptstraße. Dahinter dann die Straßenbahnhaltestelle zur Schule. »ELYSIEN GYMNASIUM«, liest sie in dicker Großbuchstabenschrift, auf einer bronzen grundierten Tafel geprägt. Schwarzschattig überdeckt sie den schneeweißen Untergrund. Die Buchstaben selbst sind aus der Fläche ausgestanzt. Das findet sie wiederum sehr lustig. Sie schreitet ungehemmt die fünf großen Stufen zum Haupteingang hinauf. Interessanterweise gibt ihr das das Gefühl, nach unten und nicht nach oben zu gelangen. Dort auf dem Gelände, da sitzen immer so viele Menschen, die auf sie unsympathisch wirken. Bereits vom Hinsehen wird ihr grundlos übel. Die Berge von Fast-Food-Dosen und Aluminiumpapier. Die gezielt chaotische Verteilung der Kippenstummel auf dem Boden. Das alles scheint solche Menschen irgendwie magisch anzuziehen, oder lag es doch am Ort? Somit magnetisch. In diesem Fall ent-

schied sie sich, ebenfalls mit dem pampigen Strom der breiten Masse schleunigst im Foyer zu verschwimmen.
Im Klassenzimmer, in der Mitte rechts, wird der Gong sehnsüchtig erwartet. Nicht ganz klar ist, was man hier eigentlich tut, da draußen so viele Dinge schöner anmuten, wie der Park zum Beispiel. Der viele Lärm und die beengenden Menschenmassen, willkürlich vermengt, sprechen Bände. Ein Rauschen, ungefiltert, unterdrückt den reinen Klang. Die Krönung des Ganzen, der Big Ben; man verlieh der Schulglocke erst vor Kurzem diesen »ansprechenderen« Klang. Wie bei einer einschlägigen Abrissbirne drängen die umhersplitternden Teilchen zu ihrem angewiesenen Platz.
Pünktlich stürmt ein Monsun das Klassenzimmer und wuchtet die Tür ins Schloss. Unsanft laut. Das ist der Lehrer. Sein lederbrauner Sack landet wuchtig auf dem Pult. Auf Kommando beginnen sogleich zwei Putzeinheiten, ihre Arbeit am kreideverschmierten Grün zu verrichten. Die Spuren vom Vortag sind mit ein wenig Wasser schnell beseitigt. Wie ein Uhrwerk pendelt Raum in punktsituierte Spannung über. Unangefochten in seiner Autorität fährt der Lehrer fort, die letzte Stunde an die heutige zu knüpfen. Würde man um diese Unterbrechung nicht wissen, wäre das jetzt wohl ein Strick. Symmetrisch zur letzten Perle stellt er die einleitende Fangfrage: »Wer von euch weiß denn noch, was wir letzte Stunde gemacht haben?« Gleich drückt sich die breite Masse hinter die Bücher und verschanzt sich in der zugehörigen Tätigkeit. Gleich einer Bewegung, als wäre man unbewusst auf einem anderen Planeten mit wesentlich stärkerer Gravitation gelandet. Dann natürlich, viel zu weit weg von diesem Ausrichtungsgrund, diejenigen, die geradezu in dieser Entropie zu implodieren scheinen. Die vielen unwillkürlichen Zuckungen, um doch unauffällig, stetig, sich als bleibende Note markant zu setzen. Demhinzu noch das Grüppchen mit dem Motto: »Schema erkannt, Gefahr gebannt«. Es nimmt einfach eine Stellung ein, die sich sehr schlau oder viel beschäftigt ansieht. Die groß bebuschten Augen des Lehrers, bedrohlich akquirierend, um

doch noch einen Freiwilligen zu erküren. »Sebastian, würdest du mal bitte an die Tafel kommen«, flutete pistolengleich eine Sauerstoffwelle durch das Zimmer. Nach kurzem Innehalten vernimmt man dann das heiß ersehnte Knarzen der vier Pfötchen auf dem Boden. Träge schlurfen zwei himmelblaue Turnschuhe zum Tafellicht ins Rampenlicht dieses Paradigmas. »Sebastian, du weißt doch sicher noch, was wir letzte Stunde gemacht haben?«, hallt es und sämtliche Akustik verstummt. Leise, sich sogleich ergänzend: »Wir hatten das Thema Kreise.« Kurz darauf: »Besser gesagt Kugeln in einem 3-D-Vektor-System.« Die kongruent ausgerichteten Augenbrauen verfestigen ihren schon viel zu großen Abstand monoton indifferent. Das bedeutet dann so etwas wie: »Ich verstehe nicht, was du da sagst, könntest du es bitte anders ausdrücken?« Und schon folgt allgemeines Raunen den wenigen wahrnehmbaren Brocken. »… die Richtung und – und könnte so – eine Kugel?« Er ging dann sogar mit der Stimme nach oben, was taktisch sehr unklug war, bedenkt man, diesen Winkel einnehmen und den Lehrer als Kontrahenten in einem Duell bezwingen zu müssen. Zweifelsohne Chancenungleichheit. Wie kann man nur so dumm sein, Fehler zu offenbaren? Fast so, als würde man seine Kehle dem Feind darbieten. »Also – wenn man doch die beiden Vektoren hat …«, setzt er an und unterbricht sich auch schon, als der Lehrer spricht: »Sebastian, hast du dir überhaupt angesehen, was wir letzte Stunde gemacht haben?« Totenstille flutet auf einmal den Saal. Einem sinnfraglichen Moment wortloser Verteidigung folgt: »Naja, du kennst das ja. Sag' das doch gleich, dann können wir uns die ganze Prozedur nächstes Mal sparen. Setz' dich doch bitte einfach wieder auf deinen Platz zurück.« Eine Station später steigen schlurfende Schritte müde den Weg heim. Erbarmungslos determiniert die Pausenglocke im Anfang ein Urteilsvermögen des Schülers zum Ende. Disjunktiv verkettet sich ein Ameisenstrom zur Aula. Eine Verteilung, die wirklich ganz nach Bernoullis Geschmack gewesen wäre. Eine erneute Vereinigung von reellen Mengen, um die komplementäre Mächtigkeit solcher gewaltigen Summenformeln, welche die strenge Achtung aller bekannten Teilbarkeitsregeln misst, der doch unterschiedlichen Interessen zu induzieren. Eine allgemeingültige Aussage, sich nur für die kommune Unterrichtseinheit stärken zu wollen.

Mitten in einer tobenden Flut bunter Augen und niederwälzender Schritte findet sie sich. Es ist aber fast aussichtslos, so ganz gegen die Wand gedrückt zum Bäcker vorzudringen. Dabei bestimmt weder den Reihen folgend noch dem Alter das Geld den hiesigen Wechselkurs. Selbst wenn es eine solche Reihenfolge gäbe, dann würde die unter Garantie nicht dem Reihenfolgen. Sie mag trotz allem nicht auf ihr geliebtes Hörnchen verzichten. Ein Laster, das sie sich gern auch mal was kosten lässt. Dieses Tohuwabohu beäugend, stellt sie fest, dass der mit den längsten Armen und höchstwertigem Schein stets das nächste Glied der Kette einrastet. In diese Flut sich zu stürzen, wäre ein gleichsam sinnloses Unterfangen. Sie war sich sehr wohl ihrer Statur bewusst. Kurzum, sie beschließt, einen neuen Schweif zu formen – hinaus in den gut eingezäunten Hof. Dort kann man dann auch die Aussicht genießen – es waren genau zehn Bäume, in der Lethe treibend – ein fest planierter Platz. Zugegeben, sie waren, jeder für sich genommen, höchstens zehn Jahre alt und die Bank daneben, wie beabsichtigt, genau von deren Richtung wegsehend. »Man muss ja nicht unbedingt diese seltsamen Blümchen anschauen.« Sie beschließt, sich da hinzusetzen und zu warten. Irgendwann würde schon ein jeder seine Brötchen bekommen haben und sie käme dann auch zum Zuge. Da kommt doch schon ihre Freundin angedackelt. Sicherlich ein wirklich lieber Mensch, auf seine Weise betrachtet. Sie begrüßt sie erwartungsvoll: »Na, du warst aber still. Ich hab dich ja gar nicht in Mathematik gehört.« »Ja«, kaut sie auf dem Kaugummi, »ich habe noch für mein Referat für nächsten Montag so viel tun müssen. Da hab ich nur wenig Zeit gehabt, mir diesen Mist vorher durchzulesen.« »Du hast wenig verpasst. Der Prez war wie immer freundlich. Kommst du dann wenigstens zur Musik?« Das im Vorbeigehen gezischte »Ja« war nämlich schon wieder viel weiter. Sie musste den anderen Leuten von ihrer überraschend plötzlichen Genesung berichten. Ein wunderbarer Mensch, eben auf seine Weise. Der feuerrote Schopf und ihre immer grelle Kleidung spiegelten nur einen Bruchteil der darin verborgenen Lebhaftigkeit. Für ihr lang ersehntes Hörnchen wird's aber jetzt höchste Zeit. Sonst ist die Pause gleich wieder um, ohne sich gestärkt zu haben. Die Bäckersfrau, einfach, wie man sich eine Bäckersfrau eben vorstellt. Ihre Wangen dick und rosig. Dazu kleine Schweinsäuglein, unterstrichen von einem grauen, zu zierlichen und sehr runden Schweif. Das Haar geschnürt im Netz. Eine weiße Schürze bindet Fleisch zu zwei klobigen Fischschwämmchen. Passend dazu die gepolsterten Arme und fleischigen Hände. Sie wird wohl auch ihren Kampf haben, in jeder Pause diesem unbändigen Ansturm der Schüler aufs Neue gerecht zu werden. Sie ist eben unglücklicherweise sehr begrenzt in ihren Möglichkeiten. Natürlich kommt unser Mädchen sofort an die Reihe. Eine regenbogenartige Kaskade verschiedener, dekorativ platzierter Lebensmittel sprengt den Horizont. »Und – magst du denn dein Hörnchen haben? So wie immer, Kleines?«, tönt es melodisch wie eh und je. Wenn man ein gewisses Alter erreicht hat, ist es nur schwer in Ordnung, jüngere Menschen mit Kosenamen zu verniedlichen. Sie wirken dann gar nicht mehr so lächerlich – eher das Gegenteil. Sie wurden von einem wesentlich älteren Menschen vergeben und das ist dann ja ein Lob. Sie antwortet knapp: »Ja, bitte«, und öffnet sich weiter, »am liebsten das ganz hinten rechts.« »Aber natürlich, sollst du haben«, prasselt es warm und beruhigend auf sie ein. Beide Hände sicher in ihrem automatisierten Prozess, fragt sie mitfühlend: »Geht es dir denn gut?« Der erste Mensch, der ihr heute diese Frage mal zur Abwechslung nicht nur der Frage wegen stellt. Eigentlich der erste Mensch, den sie kennt, der nicht das, was er tut, nur tut, um so zu tun.

Großäugig nimmt sie ihr Hörnchen nickend in die Hand und gibt der Frau, deren Namen sie ja noch nicht einmal kennt, das Geld zum Wechseln. Einem symbolischen Ding misst man meist nur geringe

Bedeutung bei, fragt man jemanden nach seiner Meinung dazu – bei richtigem Geld verhält sich das auf einmal ganz anders. Und so verabschiedet sich die Nahrungslieferantin wie fast immer: »Dann übertreib's mal nicht, Kleines.« Und sie antwortet schauspielerisch: »Na, aber immer doch«, um wie jedes Mal ein breites Lächeln auf beide Gesichter zu zaubern. Sie weiß instinktiv, wenn sie diese Frage nicht mehr wie gewohnt gestellt bekommt, wird etwas Brechendes in ihrem Leben passieren. Ein wenig Angst hat sie schon davor, denn tief in ihrem Inneren weiß sie auch, dass sich Dinge wohl verändern werden. Dann, mit dem dicken Strom lächelnder Pampe, lässt sie sich leicht in den Widerhall der Glocke treiben.
Die Arbeit, die sie jetzt, nach zwei Wochen, zurückbekommt, verwundert sie sehr. Stand doch auf dem Blatt eine glatte Vier plus am rechten oberen Rand, in fettem Rot. Hatte sich glatt der Bogen einer geraden Zwei, unfassbar, als Haken einer brennenden Vier entpuppt. Sie traut ihren Augen nicht und reibt sie erneut. Obwohl dies so groß auf dem Blatt steht, zweifelt sie das jetzt tatsächlich an. Sie hatte doch sage und schreibe zwei Wochen lang Lebensdaten von Beethoven bis Mozart stur auswendig gelernt und runterexerziert. Alles für diese eine Arbeit mit dem Ziel, sich doch ein bisschen zu verbessern. Das verstand sie nicht. Sie sieht sich das bunt verschmierte Blatt von oben bis unten an. Die Worte ihres schwarzen Füllers waren kaum noch zu erkennen. So vieles schwamm da falsch. Das Plus der Note nur reiner Hohn, denkt sie sich – wie kann man so was denn auch anders verstehen? Auch die Bemerkung »Du machst dich langsam« wirkt nicht wirklich aufbauend, setzt man sich doch selbst in Erwartung einer Besserung. Das reichte ihr dann endgültig und sie war nicht gewillt, sich das auch nur einen Moment länger durchzulesen, was es da schon wieder zu bemängeln gab. Es würde ihr aufgrund gravierender Mängel und Ignoranz gar nicht vergönnt sein, diese hochwissenschaftliche Materie jemals zu durchsteigen. Sie klappt das sechsseitige Werk zu und steckt es in die Tasche zurück. »Da wird Vati aber nicht gerade begeistert sein«, seufzt

sie und bemüht sich, eine gute Miene zum bösen Spiel an den Tag zu legen. Ihrer Banknachbarin, dem Wirbelwind, ist leicht anzumerken, dass sie sich über ihre sehr gute Arbeit blendend amüsiert. Wenigstens jemand, der sich an so etwas wirklich erfreuen kann. Sie ist sogar so nett gewesen, ihr einen Großteil der positiven Energie zukommen zu lassen. »Schau mal, ich habe eine Einsbis ... und was hast du?« Geteilte Freude ist doppelte Freude – geteiltes Leid ist halbes Leid. Ganz diesem Motto folgend, »Ich hab eine Vier«, rümpft ihre beste Freundin erstaunlicherweise die Nase und war schon wieder dabei, jemanden zu suchen, der diese Freude auch gehörig anzunehmen schätzt. Außer dem undurchschaubaren Fallen glänzender Blätter gibt es weiter nichts von dieser Stunde zu berichten.

Vor einiger Zeit war sie einmal in der Stadt spazieren. Das war einfach nur so zum Spaß und hatte keine tiefere Bedeutung. Sie sah dort einen Verkäufer vor einem Laden gewöhnliche Putzlumpen zum Staubwischen anpreisen. Sie stellte sich neben das beständig wechselnde Grüppchen überwiegend älterer Leute und hörte diesem Mann dann einfach nur mal zu. Es war mehr die Art und Weise, wie er etwas sagte, als das, was er da sagte, was sie sofort wie ein Magnet an diesen Ort zog. Die ausgehende Energie aufgrund seines Elans war für sie unglaublich faszinierend. Die beherzte Art seines vielsagenden Engagements einfach nur mitreißend. Irgendwie besaß man stets das Gefühl, ständig aufs Neue direkt von ihm angesprochen und jeden Moment aufgerufen zu werden. Auch wenn nur er als Einziger etwas sagte, wirkten seine Worte dahingehend, jeden Einzelnen mit einzubeziehen. Nach diesem Tag wusste sie mehr über Putzlappen als über Beethoven, und das fand sie unter diesem Licht betrachtet dann doch sehr interessant. Den Namen des Verkäufers würde sie wohl nicht mehr erfahren.

So stoßen gnadenlose Rempler auf Gongschlag ihren Trampelpfad aus dem schaumweißen Komplex frei. Sie, schnell Trick siebzehn angewandt, wartet, bis sich die Brecher auf die schwarzen Straßen verziehen, um dann gemütlich mit der Luft selbst auszuatmen. Fallfrei reicht die Zeit noch, einen Anschlussbus zu finden und diesen dann problemlos zu erreichen. Das wirkt auf sie nicht sonderlich einladend. Ihre beste Alternative, so denkt sie. Der tosende Flüchtlingsorkan rast zu Fuß, nicht selten von unbekanntem Gefäß umgeben, einzig darauf bedacht fortzukommen. Da geht sie doch lieber wieder durch den Park. Am Rande blickt sie auf die stechend farbigen Häuser, die krampfhaft gepresste Bewegung unzähliger tönender Maschinen und die Menschen, die doch alle viel mehr auf die Uhr als auf den Weg unter ihren Füßen zu achten scheinen. Die rotbebretterte Holzbank dort weist ihr den Weg nach Hause. Doch auch da hält das Mädchen kurz inne. Der See dahinter, der den Blick auf die Landschaft jetzt freigibt, übermannt sie mit Freude, glaubt sie. Eine fast unhörbare Bewegung von Wasser ergießt sich, um ein kleines Europium zu umgarnen und mit allem zu versorgen, was es zum Leben benötigt. Euretikum ebbt Eurymedon. Die vielen bunten Schmetterlinge tanzen warmes Sonnenlicht. Die morgendlichen Geräusche einer lebendigen Bewegung, die jetzt gerade wach zu werden meint. Und davor schwimmt eine kleine Entenfamilie vergnügt gemäß ihrem Plan zum nächstgelegenen Ziel. Aber Enten, die schwimmen doch gar nicht, die treiben doch nur, stellt sie verwundert fest. Das ist jedem Kind schon aufgefallen, noch bevor es zu sprechen weiß. Sie sieht den Enten auch jeden Tag, gleich nach der Schule, zu; denn darauf freut sie sich den ganzen Tag. Den Abend zuvor hat sie sogar ein halbes Brot unbemerkt in ihre Tasche geschmuggelt, um jetzt die wenigen Krumen verfüttern zu können. Ein wunderschönes Bild, seufzt sie, wie drei Entenbabys unter dem sorgfältigen Schutz der beiden Eltern unbedacht die Nahrung verschlingen – schließlich doch die Eltern überreden, das Gleiche zu tun. Einen kleinen Moment noch verschnauft, dann muss es aber auch schnell weitergehen, sonst verpasst sie ja noch den nächsten Bus nach dem bereits verpassten. Die Bäume, der Weg und die Sonne decken sich zu einem einzelnen, olivgrün verschmierten Pinselstrich Deckweiß. Da die Barriere, schwarz,

und schon feiert man eine weitere Geburt viel zu vieler unbekannter Augen, sich selbst erkennend.
Schnell um die Ecke geblickt, da würde ihr kleines Häuschen stehen, ihre Wohnung. Ein graues Haus mit einer weißen Hausnummer 16b. Die zwölf Etagen der Monstranz im Erkennen der Pflanzen prächtiger Gärten. Das Gewicht Unzählbarer drückt die Last des Einzelnen. Kabinda liegt neuerdings in der Kalahari. Kanzone kantoniert zu Kaolin. An den zahllosen, misstrauisch blickenden Namensschildern unbemerkt vorbeigewischt, um die sicherheitsversprechende, blaue Eisentür mit dem kleinen, viel zu dicken Fensterchen wieder zu verdrahtgittern. Vierter Stock, ihr kleines Kap der Guten Hoffnung, die rettend weiße Wand. Das alles lässt sie endlich hinter sich. Die Tür zum Kabinett klickt, springt ins Schloss.
Schattengleich deckt sie den morgendlichen Tisch zur nächsten Ladung Nahrung.
Dem Spülen misst sie keine große Bedeutung zu, verglichen mit dem Sinnieren über die bevorstehende Qual. Hausaufgaben – ein triefender Grund Beschäftigung um ihrer selbst willen. Und doch gießt sie als Nächstes lieber die Pflanze, die leider unter solchen Gegebenheiten des Öfteren leidet. Obschon Wasserbläschen, durch die Erde gedrungen, Luft schnappend platzen, beschließt sie nun, den Computer anzuschalten. Der Laptop verhilft einer nächsten Lieblingsbeschäftigung, gerecht zu messgleichen. Magnetisch fesseln die wabernden Bildpunkte die Augen matt in ihrem unlöslichen Drang.
Der Explorer, ein schon vorinstalliertes Programm, klappert arithmetisch Algorithmen zum visuellen Entspannen runter. Flugs einen Namen gefunden – Ariel – und es beginnt eine neue, windige Reise, ziellos. Ebenso für die wenigsten erkennbar eine schon sehr bald folgende Initiation. Dabei interessiert sie sich mehr für das Gespräch dahinter, zu einer Plattform gebracht, den Chat.
Sie redet doch so gern mit Menschen und hier findet man manchmal, wenn auch wirklich selten, jemanden, der das genauso wie sie sieht.

Die beiden anderen Teile schlagen sich in gegenseitiger Wertung um ein sieches Bedauern. So ein Dialog bzw. ein Polylog oder gar Monolog, digital entspannt, zeltet unversehens konstant als fantasiereich in der Vorstellung. Wie »draußen« begegnet sie vielen Menschen, die unbedingt prahlen müssen, etwas zu sein vorgeben. So kann man sich mit einer folgenden Resonanz, dem gelungenen Diskurs, glücklich schätzen. Und selbst da gibt es nicht wenige Mitspieler, die aus nichts viel zu sagen wissen. Obwohl sie diese Fähigkeit schon immer besonders schätzt, beschließt sie, fast nichts zu sagen und lieber zuzuhören. Sie weiß einfach nicht so viel dazu beizutragen. Die Probleme der Menschen sind wirklich einschlägig gravierend und selbst dort meint man, die Leute würden vor etwas wegrennen. Sie zeigen sich sehr gehetzt, schon beim Reden. Nach einer und einer Dreiviertelstunde schickt sie sich an, ebenso die orangensaftige Plattform auszuknipsen. Sie hat ja noch Aufgaben zu erledigen und die Telefonrechnung wäre sonst zu hoch. In zwei Tagen würde sie unendlich lange Freiminuten besitzen aufgrund des vor langer Zeit besiegelten Vertrages. Ein XXL-Tarif eben. Da kann man ja dann weiterchatten.
Die sinkende Sonne verlischt schließlich in der Hydrosphäre. »22:30« liest sie in rot fluoreszierender Schrift. Direkt daneben steht ihr kartoffelbraunes Schlampermäppchen mit Federkiel. Strikt wie ein Uhrwerk würde der Vater sogleich die Tür öffnen und sich nach ihrem Wohlergehen erkundigen. Gesagt, getan – sprengt sofort ein klimperndes Schlüsselgeräusch die Uhr. Seine Sachen niedrig schwingend übergibt er das Sakko dem Ständer, um sogleich besorgt daneben zu wurzeln. Gleich würde er sie nach ihrem Tag fragen. »Hast du auch einen schönen Tag gehabt?«, streichelt der Polygraf sanft, um ihren Kopf einen Kreis ziehend; und knapp fasst sich das »Ja, sicher«. Wie der Milan die Äskulapnatter packt, so bohrt er weiter, um einen Kern wenigstens zu dramatisieren: »Was genau habt ihr denn gemacht?« Der Wurm, sich windend im taktisch günstigsten Versteck: »Wir hatten das Thema Kugeln in Mathematik. Ich weiß jetzt schon ganz genau,

wie ich das ausrechne – das hat mir meine Banknachbarin nach der Stunde noch mal genau erklärt. Ich hab das jetzt sehr gut verstanden.« Pause. »Wir haben nämlich nach der Schule zusammen die Hausaufgaben erledigt.« Das Falkenauge bleibt starr und unbeweglich zielend. So setzt sie sogleich sich anbietend fort: »... und in Musik, da haben wir unsere Noten auch schon gesagt bekommen. Ich hab eine Zwei«, gefolgt von einer ironischen Fröhlichkeit. »Na, da wollen wir doch hoffen, dass das nächstes Mal aber entschieden besser wird«, wetzen spitze Krallen misstrauisch stumpfen Kiesel wässrig. Aus irgendeinem ganz bestimmten Grund fühlt sie sich ins Klassenzimmer zurückversetzt. »Ja, das hast du gut gemacht, Liebes«, kommt es nach einem kurzen Moment dumpf vom Vater. Die Stille war gebrochen. »Es wird Zeit für dich, ins Bett zu gehen. Schlaf gut, mein Schatz.« Schließlich ist er ja nur fürsorglich um ein erfolgreich bestandenes Lyzeum seines Goldstücks bedacht. »Gute Nacht, Vati.«

Fahl reflektiert das Mondlicht auf ihrer seidenen Bettdecke durch den dicken Spalt am Fenster. Interlinear blinkt die Milchstraße, während sie im Asyl ihre zwängende Bredouille zum Adressaten zurückschickt. Ein urkosmisches Palladium. Am Firmament blitzen fein die Fäden Denebs rötlich auf. Mathematisch korrekt ihr Netz schon lange zuvor gesponnen, webt ein Schiffchen, einsam in der Stille des unrhythmischen Ozeans treibend. So siegt am Ende allein der Schlaf; und das junge Mädchen, das alle nur Jade nennen, schlummert, ohne auch nur einen bedrückenden Gedanken an seine Zukunft zu verschwenden – felsenfest.

Kapitel 2

Eiskalt beginnt sich ein frostiger Schatten vom Rückenmark um den Hals zu glätten. Ein kalter Schauer breitete sich kribbelnd unter der Haut aus. Etwas Schreckliches musste gerade passiert sein … »Was war das?« Jade zuckt ruckartig hoch. Sie starrt in Gesichter, ihr unvertrauter denn je, und ihre Lippen beginnen stockend zu formen: »Ich muss mal schnell heim – ich hab etwas vergessen!« »Du kannst do … « Noch in der gleichen Sekunde fällt sie Thomas ins Wort: »Nein, das kann nicht warten«, und lässt den Tisch höchsterstaunter Masken so schnell wie möglich hinter sich. Womöglich lag es ja an ihrer panischen Wortwahl; womöglich aber auch daran, dass sie den letzten Satz sehr laut und dementsprechend hoch anschlug. Keiner entschied sich plötzlich, sie jetzt aufzuhalten, diesen Zahnpastastreifen verwirrt weißer Fratzen im Raum stehen zu lassen und nach Hause zu laufen. Das ist jetzt wichtiger, beeilt sie sich noch schneller zu sein als ohnehin. Eine Frage der Zeit und ihre Füße würden sich am Rocksaum überschlagen.
Nach nahezu endlos wirkenden Minuten sieht sie endlich die Fassade ihrer Wohnung, umgeben von einer düsteren Korona Schatten anderer Häuser. Schnell hastet sie zu ihrem Domizil in der Reihe. Es ist leicht zu unterscheiden, weil es als einziges eine Straßenlaterne direkt vor der Haustür besitzt. Sie sucht den richtigen Schlüssel aus einem Gewirr von dreien zu entknoten. Ihr Atem schlägt sich silbern am glasigen Gitter nieder. Schnell die Vier drücken und warten, warten, warten. Bis so ein Fahrstuhl sich wirklich in Bewegung setzt, dauert es ja Stunden, ihr Kopf beginnt, von innen heraus zu explodieren. Währenddessen nutzt Jades Atem die Zeit, Luft zu schnappen. Der schräge Gong dringt nicht mal wirklich zu ihr durch, als müde Schritte schon wieder die Tür fast aus den Angeln reißen und träge weiterschlurfen. Die weiße Tür – der Schlüssel bereit – und Stille.
Drinnen ist alles dunkel. Viel zu dunkel und viel zu still, stellt sie verwundert im Gang fest. »Warum brennt denn kein Licht?«, flüstert Jade leise. »Warum brennt kein Licht?«, ruft sie und beginnt, nach und nach die Wohnung auszuleuchten. Der Raum schien ihre Stimme sprich-

wörtlich zu verschlucken. Im Wohnzimmer ist niemand. Die Kissen auf der Couch nach wie vor ordentlich zum Tisch ausgerichtet. Auch das Schlafzimmer unbenutzt, wie vor drei Tagen verlassen. Routinehalber knipst sie auch das Licht in ihrem Zimmer an – niemand. Nicht selten war es Jade ein Anlass zur Freude, die Wohnung für sich allein beanspruchen zu dürfen. Doch dieses eine Mal ist das Gefühl anders, ein Gefühl der Unwissenheit. Irgendwie leer. Genau, man weiß einfach nicht, was passiert ist. Hatte ihr Vater nicht gesagt: » … Ich warte dann schon lange daheim, wenn du wiederkommst.«? Und da war doch auch: » … klar, bis 19:00 Uhr – mach dir doch nicht so viele Sorgen.« Das blöde »Ich warte dann«, genau aus demselben Grund einer solchen Frage heraus, trägt unerfüllte Erwartung, die Gebärde noch bisher ungewusster Sorge. »Wo ist Dad?«, nennt sie ihn immer, wenn er gerade nicht da ist. Ungläubig blickt sie auf die Uhr in der Küche, »23:42«, und strengt sich an, nicht unbeabsichtigt ein »20:57« zu formen und die beiden Zeiger aus Versehen zu verwechseln. Sie schüttelt den Kopf, sieht noch mal hin. Das letzte Mal, als ihr Vater unpünktlich war, hatte er sich bei der Besichtigung in einem Sägewerk versehentlich in seinen Daumen geschnitten. Das bringt sie zum Schmunzeln und ebenso bläst erneut ein kalter Hauch in ihr Gesicht. Ein nächstes, nun viel kleineres Aufflammen von Panik erlischt sofort durch eine fallende Woge, beruhigend an ihr Ich gerichtet, sich selbst beruhigend: »Da wird schon nichts passiert sein, er verspätet sich halt mal nur.« Was für eine Energieverschwendung die ganze Zeit, wie eine Furie durch die Wohnung zu rasen. Die meisten Menschen benötigen stets einen Anlass, um daraus erst ein Gefühl zu schöpfen. Macht es so wenig Sinn, den Anlass einer Handlung in dem Gefühl selbst wiederzuerkennen? »Einfach Unsinn«, versucht sie ihre verworren genug gedachten Gefühle jetzt aus dem Schädel zu bringen. Das Kissen federt platt ihren Satz mit viel zu hohem Schwung ab. Feine Körnchen stäuben konfettiartig um den retroantiken Wohnzimmerleuchter. Das goldene Sofa war in der Tat schon sehr alt, Jade kann sich wirklich nicht erinnern,

beim Kauf dabei gewesen zu sein, und selbst ihre Großeltern haben schon darauf gegessen. Ein Gefühl von Weihnachten liegt automatisch in der Luft. Ein Druck auf den roten Knopf und der gesamte Raum gleitet reibungslos in eine andere bunte Realität voller Flimmerlicht und Musikklänge. Fernsehen. Oft auch übertrieben »Fast Food für die Augen« geschimpft, ersinnen diese ein voll funktionsfähiges eigenes Universum unter die Epik eines fremden Grundgedankens zu stellen. Dem zum Trotz ist sich insgeheim jedermann seiner einmaligen Gabe bewusst, die Zeit geschickt nur zum reinen Raum zu falten. Wieder eine Frage der Aufmerksamkeit. Unbewusst und entspannt darüber vergeht sie mit Helden, die die Welt retten, und mit Monstern, die sie zerstören – im Nullkommanichts. Der starre Finger, hoffend, da stets noch etwas Besseres zu finden, fühlt sich unruhig auf und abwippend wieder zum Anfangsprogramm, ist erneut arbeitslos, rückversetzt. Die Zeit, als schier bunt endlose Bewegung unzähliger Farbkleckse, festgemeißelt an der Wand. Vielfarbige, fremde Bilder vermengen sich, assoziieren zu eigenen und mischen neue Farben. Verwaschen gepatzte Puzzlestücke korrigieren ständig ihr Erscheinungsbild durch eine viel zu große Anstrengungsbereitschaft zu einem weiteren sehnsüchtig verkrampften Augenaufschlag.
Man will ja keinesfalls etwas verpassen und zugleich wurde der Kampf schon lange verloren, erklärt man sich bereit, sein Gegenüber als solches erst zu formen. Die maladen Gelenke, sich der erwärmenden Entspannung ihres Körpers bewusst, streicheln sanft um das Gewicht der Lider. Der schwere Druck nach innen, unaufhaltsam mürb gemahlen, gibt nach Langem endlich Kontrollverlustängste dem Besitzer zurück. Schwebende Gedanken wiegen bleierne Masse seicht in Zeit- und Raumlosigkeit.
Ohrenbetäubendes Hämmern unverstandener Worte. Der Sud heulender Fratzen, die sie noch nie zuvor sah. Jade erwacht schlonzend aus ihrem hypnotischen Schlummer. Das Geräusch eines brüllenden Presslufthammers, unterstützt von lärmender Bewegung rasender Ket-

ten, könnte selbst Tote nur schwer ruhen lassen. Der Mahlstrom aus 1000 schwarzen Augen bahnt schlagartig Felder einer Bühnenkulisse kurz vor Showbeginn. Das scheinbar zusammenhangslose Muster der Couch, die hellen Fleckchen im Rampenlicht und daneben gleich der passend goldene Vorhang. Auch wenn man gar nicht in der Lage ist, eine Farbe zu sehen, lässt die sich ja problemlos erahnen. Man weiß einfach, welche Farbe etwas hat. Ohne Frage, der Fernseher im Zentrum als Lichtquelle ist zweifelsfrei schwarz. Die strahlenden Reflexionen tänzeln weich um die graue Untermauerung harter Realität. Schon richtet Jade sich auf, um diesen Moment jetzt gänzlich auszuloten. Schnell die Mute-Taste gedrückt und unangenehmes Motorengeräusch verstummt schlagartig und abrupt. Erst einmal wach werden und sich genüsslich ausstrecken. Das scheint jetzt wichtiger als der Informationsgehalt, um eine Straße zu planieren. »Wo ist Dad?«, hört sie ihren weichen Gedanken unvorbereitet sie anschreien. Schleunigst begradigen zwei Scheinwerfer das verpatzte Bild. Jetzt erkennt man sofort den kalten Schweiß weißspiegelnd auf den Poren des Handrückens. »Ein richtig klebriger See. »Seltsam, dass ich das nicht vorher bemerkt habe. Ich kann mich eigentlich gar nicht erinnern, wann ich das letzte Mal so schweißgebadet aufgewacht war. Wann hab ich überhaupt das letzte Mal so einen Mist geträumt?«, denkt sie und plant nun schon, kurzerhand die Dusche aufzusuchen. Wie üblich äußerst unentschlossen, welche Garderobe sie heute tragen soll, summt sie heiter vor sich hin. Kein bestimmtes Lied, nur ein paar Töne. Dazu nimmt sie den gesamten Platz des kleinen Zimmers, um fast den gesamten Inhalt ihres Kleiderschrankes vor dem Spiegel zu mustern und auf dem Bett zu bergen. Manches davon ist wohl dazu bestimmt, nie herausgenommen zu werden. Im unausgewogenen Schwelgen setzt sie ihre Wahl doch auf die erstbeste Intuition und macht sich daran, schleunigst wieder aufzuräumen. Unordnung mag Jade gar nicht. Ganz plötzlich schellt das Telefon in ihren Gehörgang. »War das Dad?« Blitzartig versucht sie, den Hörer mit der linken Hand schon beim zweiten Klingeln abzufangen. Erwartungsvoll hustet sie ein gehetztes »Ja, hallo?« und erschrickt sogleich atemlos beim Klang einer fremden Stimme. »Guten Morgen, hier spricht der Sachverständige vom Unfalldezernat, Knau. Ich rufe im Namen der Polizeidirektion München an. Spreche ich da mit Jasmin Deckert?« »Ja«, haucht es klar. »Gut, dass ich Sie erreiche.Wir haben gestern bis 11 Uhr abends vergebens versucht, Sie zu erreichen. Wir haben Ihnen leider eine traurige Mitteilung zu machen«, dröhnt es sachlich. Nach berechneter Pause unterschlägt ein Räuspern die Starre. »Ihr Vater, Joachim Deckert, erlitt gestern um 20:14 Uhr einen tödlichen Verkehrsunfall. Wir nehmen an, er fuhr bei den windigen Verhältnissen zu schnell, sodass ... «, verschluckte ein Kauderwelsch sengende Worte eines Speers, eisige Wahrheit – todernste Realität. Ein skalpellverdächtiger Schnitt, der einfach ein Stück Fleisch im Bewusstsein durchtrennt. Die Synapsen ihres Blocksignalsystems gekappt. Ungläubig diesem Temperatursturz vergebens hinterherhechelnd, stürzt Licht augenblicklich in Finsternis.

Knirschend öffnet sich ein neuer Spalt. Scheu versucht sich ein schwarzer Spiegel als Schutz vor dem Sonnenlicht einzuigeln. Die zitternde Wimper beginnt sofort heftig zu schlagen und auf einmal kann man schon das Weiß im Auge erkennen. Wie oft würde sie heute noch aufwachen? »Eine Frage der Gewöhnung eben wie alles.« Jade reißt zugleich beide Augen kräftig auf und erblickt ihr eigenes Hologramm im fremden Spiegel. Langsam den Abstand vergrößernd erkennt sie ein besorgt wirkendes, müdes Gesicht. So traurige Augen und irgendwie eigenartig. Lustig – die Träne in seinem Auge scheint genau die gleichen Farbnuancen zu besitzen wie der silberne Knopf an seinem Hemd. Dort hängt ja auch Robert Pattinson und da ist die schwarze Stereoanlage auf dem Holzschränkchen. Da ist ja auch ihre Freundin und sogar Liselle und Thomas sind da – eigentlich alle Leute von gestern. Jade richtet sich sofort in ihrem Bett auf und muss, die Personen in ihrem Zimmer musternd, schmunzeln. »Alle so rausgeputzt«, schüttelt sie sich schlagartig wach. Sie kann sich auch nicht erinnern, jemals zuvor so viele Personen gleichzeitig in diesem Raum gesehen zu haben. Zum Glück ist ja nur die Dämmerbeleuchtung an, die setzt das Zimmer immer so schön ins warme Licht. Aber wer zum Teufel war das da, vor ihr auf dem Bett? – »Du fragst dich sicher, wer ich bin … «, glucksen traurige Bratpfannen vergnügt zu ihr hinüber. »Ich bin dein Onkel Samuel.« Pause. »Und«, er nimmt ihre Hand, die in seiner großen Pranke wohl viermal Platz gefunden hätte, »ich bin so schnell ich konnte hierhergefahren, Jasmin.« Ein melancholischer Reigen zutiefst ernster Gesichter spricht Trauerbände. »Nenn mich bitte nicht Jasmin – keiner nennt mich so«, zwitschert ihr Mund verspielt. »Ich bin Jade.« »Okay, Jade … «, schnaubt ein basswelliger Tiefentöner Luft, er drückt ihre Hände nun fester. »Mein Bruder – also dein Vater, der ist gestern verunglückt.« Mitten in einem See posaunender Trompetenfanfaren scheinen ihre Hände jetzt feiner als zu Brei gedrückt. Nur mit Mühe gelingt es ihr, sich doch aus dem festen Manschettengriff zu lösen, und sie wird sich auch der Situation bewusst, als Einzige in diesem Raum nicht zu weinen. Da hat ja sogar ihre Freundin 'ne Träne im Auge, das hat sie wirklich noch nie bei ihr gesehen. Vielleicht fühlen sich die anderen ja besser, wenn man ein wenig weint, denkt Jade, mir ist eigentlich jetzt gar nicht zum Weinen. Sie stürzt sich – gedacht, getan – an Onkel Samuels breite Schulter, um ihrerseits auch ein paar Tränen in die Runde mit einfließen zu lassen. In einem Kreis geschlossener Traurigkeit ein kläglicher Versuch der Aufheiterung. »Na, das hat doch bestimmt jetzt gutgetan?«, umfassen breite Arme schon von rechts ihre mickrigen Schultern. Links die Hand von ihrer kleinen, rothaarigen Freundin. »Ich hoffe, dir geht's jetzt besser, Jade?« Auf seltsame Art wirkt jetzt auch die Umgebung fremd – die Menschen benehmen sich unnatürlich komisch. Alles schien so in sich erfroren. »Sicher, sicher, mir geht's gut«, singt ein harmonischer Klang auf misstrauische Augen hinab. Ein kurzer Moment unbehaglicher Stille. Dann mustert ihre Banknachbarin sie erneut stotternd. »Bist du dir sicher, dass es dir wirklich gut geht?« Wohl auch nur eine rhetorische Frage, die sich im Sicherheitsfanatismus eines »Ja« beruhigt wiegen möchte. Nach einem weiteren bedrückenden Moment betroffener Gesichter und unvermeidbaren Augenblicken zitternder Bewegungen, in denen wohl jeder für sich genommen im Erdboden versunken wäre: »Ich denke, wir – wir werden dann mal gehen. Womöglich möchtest du es jetzt ein wenig ruhiger haben.« Kurze Pause. » … und du weißt ja, am Montag haben wir 'nen Test. Wahrscheinlich musst du den ja zum Glück nicht mitschreiben.« Eine neue Pause weiterer Wortkargheit. »Tschüss, Jade«, »Ciao, Jade«, verabschieden sich sechs Füße aus der Tür. Ihre einzige Reaktion darauf ein leichtes Kopfnicken, hinausgeleitet von einer schwarzen Pupille.

Wenigstens ist ja ihr Onkel noch einigermaßen standhaft geblieben. Zwar kennt Jade ihn genauso wenig wie eigentlich alle anderen ihrer Freunde; doch schien er ihr aufgrund der wenigen, einigermaßen ehrlichen Worte schon weit sympathischer zu sein. Dabei kennt sie ihn gerade mal wenige Minuten. Daneben schwante ihr soeben beim sehr beiläufigen Gespräch, ihren Vater über ihn schimpfen gehört zu haben. Sie selbst sprach noch nie mit ihm persönlich. »Somit die erste Begegnung mit meinem Onkel«, denkt sie und schielt durch die große Schlafzimmertür auf den Balkon. Das karierte Hemd, der dicke Bauch und der viel zu alte Zylinder. Ein ganzer Zirkusdirektor mit Bart und Brille. Nur die Peitsche fehlt – stattdessen hält er 'ne Pfeife und sitzt gemütlich im Schaukelstuhl. Dass sie das mal sehen würde – den Schaukelstuhl benutzt. Das matte Mondlicht zeichnet sich stumpf am hölzernen Ausbau ihrer Wohnung ab. Sie öffnet die Tür und tippelt barfuß ein paar Schritte auf die kalten Fliesen. Schwarze Schatten schwimmen auf weißem Untergrund. So, als wäre der samtrote Vorhang aufgezogen: Eine unbeschreibliche Aussicht bietet sich ihr auf der Kinoleinwand ihrer Veranda. Milliarden von Sternen, die wie in einer Kristallnacht explodierend funkeln. Am Firmament zieht sich ein einmaliger Lichterquell durch. War das nicht sogar eine Sternschnuppe gerade eben? Rechts die Mondsichel, der Fixstern »Orion« und unter diesem Blinkgewitter die Dächer ihres Dorfes, bläulich schimmernd. Die wunderschöne Abrundung dieses Bildes: ein Fernsehrotlicht in gelber Nuance, Glühdraht auf die Straßen züngelnd. »Pssst, beweg dich nicht zu schnell«, flüstert es. »Sonst verscheuchst du sie noch!«, zischelt leise ihr Onkel und deutet mit seinen Augen auf das eherne Gelände des Balkons. Ein zaghafter Blick in diese Richtung ließ nicht wirklich etwas vermuten. Da war doch nur eine Blume – eine Geranie. »Nicht viel aufregender als der tolle Nachthimmel«, sie wirft einen kritischen Blick zurück zum Absender. Starre Augen mögen manchmal überzeugender und schneller geschriebenes Wort ins Verstehen brechen. Jade macht keine Anstalten, sofort das allem Anschein nach gar nicht langweilige Geländestieren fortzuführen. »Was soll da nur sein bei der Geranie?«, fragt sie sich still. »Warum schaut der nur so konzentriert dahin? Da ist doch gar nichts. Seltsam.« Und wie ein Tautropfen, den man auf dem Auge hat und der jetzt abfließt, sticht ein Bild ungewollt dreidimensional hervor. Die Linse neu fokussiert, pendelt doch eine dicke, hässliche Spinne einfach wenige Zentimeter vor ihrer Nase. Jade schreckt reflexartig einen Meter zurück und rammt ihre Krallen fest in den Boden. »Das reicht, das Maß ist endgültig voll«, schäumt sie, sich wieder aufrichtend. »Warum lässt du mich fast eine Spinne essen und warnst mich nicht vor?«, greift sie Samuel wütend an. »Ich nahm an, du würdest sie verscheuchen«, kichert der Alte in seinen silbrig schimmernden Bart. »Nur damit ich das verstehe: Um zu verhindern, ich könnte eine Spinne verscheuchen, lässt du mich rücksichtslos da reinlaufen?« Kurzes Überlegen. »Ganz schön dreist eigentlich«, säuert sie jetzt. »Erstens bist du ja nicht in das Netz und schon gar nicht auf die Spinne gelaufen. Und zweitens – ja, zweitens hängt sie noch immer dort, wo sie zuvor hing«, höhnt Samuel jetzt und deutet mit dem dicken Zeigefinger direkt unter die Spinne. Irgendwie entlockt ihr sein runzeliges Gesicht, selbst gegen ihren Willen, jetzt doch ein leichtes Schmunzeln. Ängstlich schielt sie zu dem markierten Ziel und tastet wie eine Schildkröte vorsichtig ihren Kopf hervor, um doch ein wenig besser zu sehen. So viel Angst Jade vor diesem Kleinkrabbler auch immer hatte, so viel Faszination und Anziehungskraft schienen zugleich davon auszugehen. Sie trotzte der Angst, die Spinne würde ihr jede Sekunde in die Augen springen. »Zumindest mal etwas anderes, als immer kreischend davonzurennen«, eruiert sie und robbt Zentimeter um Zentimeter, um dann doch den schwebenden Fleck über ihrem Zeigefinger genau zu identifizieren. Je näher man kam, umso mehr Form bekam die schwarze Kreatur. Farblich veränderte sich wirklich nichts an dem viel zu schwarzen Knäuel. Spitze Fingerknöchel und kleine Widerhäkchen, gesteckt in einen flaumigen Stumpf. Das Licht, jetzt nur um ein wenig verrückt, setzt die Spinne in den totalen Blickfang des Moments. Fast wie einen Eiskunstläufer im strahlenden Kegel des weiß reflektierenden Blumenkastens. Fast wie bei einem Tänzer auf einer Bühne wirken die präzise geplant schnellen Bewegungen stahlharter Seile. Und schon beginnt sie zu rennen, von außen nach innen und von innen nach außen. Jade, nun ergriffen von einer unbändigen Neugier, wie schnell so ein Netz entsteht, gibt sich nun doch ein wenig zutraulicher diesem Fremden gegenüber. »Aber einen kleinen Sicherheitsabstand, den behalt ich mir auf jeden Fall lieber mal vor«, entschließt sie sich nun endgültig zum Sehen und Staunen. Da färbt sich ein rötliches Glitzern bunter Fäden im eisernen Schleier. Seidenartig blitzen die Fäden in der Luft. Erleuchtet wie Feuerwerk, die Spinne in der Bewegung erstarrt, kitzeln kaum wahrnehmbare Winde um das Fadengespann, ehe das Lebewesen, solches gewohnt, fortfährt, sich vorsichtig vorzutasten. »Sie will sich wohl auch erst sicher fühlen, ehe sie weitergeht«, kombiniert Jade. »Sie hat keine Angst, wenn du das meinst«, beteuert Samuel. »Sie hat nur eine große Vorsicht«, blitzen dunkle Augen aus buschigen Augenbrauen. »Für mich gibt es da keinen Unterschied.Vorsicht ist ein gravierender Bestandteil von Angst«, feilscht das Mädchen. Der Teufel steckt im Detail. »Ich glaube nicht, dass, weil Angst einen Bestandteil an Vorsicht hat, kühne Vorsicht dagegen auch nur die leiseste Spur von Angst aufweist.« Er zündet theatralisch seine Pfeife erneut an. »Nur weil etwas an etwas anderem teilhat, heißt das noch lange nicht, dass es sich umgekehrt genauso verhält.« Wo er recht hat, da hat er recht, wie sie innerlich knirschend nun zugibt. Von diesen Situationen gab es wenige – Menschen, die sie noch überraschten. Meist Gelegenheiten, die sie, obwohl sie ja schon sehr tief über manche Dinge sinniert, immer noch überraschend tiefer buddeln lassen. Womöglich überschätzt sie sich ja auch ein wenig ab und an. Sie würde darüber noch in Ruhe nachdenken müssen und beschließt, sich lieber jetzt gleich aus der Affäre zu stehlen. Sicher eine gute Gelegenheit, jetzt ins Bett zu hüpfen. »Ich bin müde, Onkel Samuel; lass uns doch bitte morgen weiterreden«, verabschiedet sich eine Floskel ins nächste dunkle Gemach hinüber. »Schlaf gut, Jade – wir reden morgen, wenn du ausgeschlafen bist.« »Gute Nacht, Kreuz-Spinnchen«, hallt es gähnend von innen heraus. Jade vergräbt sich in ihr seidiges Gemach. Natürlich schlief sie lange nicht. Das war doch beiden schon beim Zubettgehen klar. Viel zu lange macht sie sich viel zu viele Gedanken, wieder und immer wieder. Auch wenn man bemerkt, sich stets im Kreis zu drehen, es scheint für sich genommen eine Art Verdauungsprozess stattzufinden. Ebenso das Gefühl, nicht vollkommen untätig zu sein. Das Gefühl, sich durch Gedanken zu bewegen. Gerade ärgert sie sich auch ein bisschen darüber, nichts »Wichtigeres« mit Samuel besprochen zu haben. In solche Probleme sich besonders hineinzusteigern, liebt Jade geradezu. Eine getrampelte Furche, ein Fadengeflecht. Ein weiterer Kratzer auf der Schallplatte. Die Räder drehen durch, im Schlamm jetzt festgefahren. Schließlich ist er als einziger Angehöriger noch eine letzte Vertrauensbrücke zu möglichen weiteren Verwandten. Vater legte immer ganz besonderen Wert auf eine strikte Trennung zu Mamas Familie. Dass jetzt sein eigener Bruder ihr so schnell mehr Freund ist. Blut ist dicker als Wasser, stößt sie auf: »Warum hab ich ihn nichts über meinen Vater gefragt?«, und setzt es mit rotem Marker auf der Liste im Kopf an die oberste Stelle. Mehrere Kreise zurrten ihre Kehle auf einen Punkt zusammen. Fröhliche Erinnerungen spannen die Unfähigkeit einfacher Akzeptanz. Bodenlose Trauer lässt die blauen Tränensäcke jetzt durch das Kissen unvermutet schwellen. Denn Jade weint schließlich auch; und sie weint so, wie sie noch nie zuvor weinte. Es war der Schmerz, zu erkennen, nun doch allein zu sein. Das Tal der Tränen schoss über. Die Erkenntnis, dass am Ende jedes Lebewesen doch nur für sich allein sterben kann.

Kapitel 3

A: »Hallo; hallo!«

A: »Hallo, ist denn keiner da?«

...

L: »Hm? Ja, hallo.«

A: »Hm, also doch jemand hier?«

L: »Wer bist denn du?«

A: »Ich bin Ariel, steht doch da.«

L: »Verstehe.«

A: »Ist das alles?«

L: »Du bist nicht Ariel.«

A: »Natürlich bin ich Ariel; sonst hätte ich wohl kaum diesen Namen – du Komiker.«

L: »Du hast recht. Ich muss dich irgendwie mit jemandem verwechseln.«

A: »Was für ein Blödsinn. Ich habe bisher nur einen Ariel in diesem ganzen Chat gesehen.«

L: »Lass mich doch das bitte mal für mich beurteilen. ;)«

A: »<---------------- ein Original ist.«

L: »Die Ariel, die ich kenne, die hat viel bessere Freunde.«

A: »WAS?«

L: »Wie ich schon sagte, die Ariel, DIE ICH KENNE – die hat viel bessere Freunde. Es besteht keine Notwendigkeit, das jetzt auf dich zu beziehen!«

A: »Aha.«

A: »Okay, lass mich anders anfangen – haben wir uns schon mal vorher hier im Chat unterhalten?«

L: »Ich kenne dich nicht!«

A: »Kommt mir aber anders vor.«

L: »Wir sind uns ziemlich fremd – denk mal.«

A: »Okay – Entschuldigung, mein Fehler. *grummel*«

L: »Dein Fehler? DEIN FEHLER???? *kopfschüttelt* … schlag mich nur weiter so, Ariel. Immer schön noch reintreten von oben – das tut so gut.«

A: »?«

L: »*seine Haare rauft*«

L: »Du hast keinen Grund, dich für dein Verhalten zu entschuldigen. Das wäre ja so, wie wenn du auf einer Bananenschale ausrutschst und dich dafür entschuldigst.«

A: »Ich bin nur höflich.«

L: »Warum?«

A: »Ich bin eben nett.«

L: »Ein bisschen zu nett, wie ich finde.«

L: »Was genau bedeutet eigentlich dein Nick ›mein Engel‹? ;)«

A: »Oh – er hat nichts zu bedeuten – ich habe nichts zu bedeuten; womöglich hat es das ja zu bedeuten? :)«

L: »Schluss jetzt – wird Zeit, dich endlich mal zu köpfen, Ariel ;(– auch wenn das wehtut.«

A: »????«

L: »Köpfen! Richtig! *Ggggg*«

A: »Ich weiß gar nicht, was du jetzt von mir willst.«

L: »Und ich bin auch ganz sicher nicht die ›Strick-Liselle‹, für die du mich jetzt gerade halten willst. ;)«

A: »Höh?«

L: »;) verstricke dich nicht in deine eigenen Gedanken. Arbeite an deinen Emotionen.«

A: »Hm … ?«

L: »Ich kann nicht mehr lange … «

A: »Was kannst du nicht mehr lange??? Was?«

L: » … die Augen offen halten. *Fg*«

A: »Was meinst du damit, du kannst die Augen nicht mehr lange offen halten?«

L: »Na, weil ich müde bin. :)«

(Der Vorhang bewegt sich plötzlich.)
A: »Okay – du hattest nichts tiefer im Sinn? Was war das grad bei meinem Vorhang?«
L: »Neeeeeeee; welcher Vorhang?«
A: »Hm; du weißt also auch nichts von einem Vorhang?«
L: »Ne, wieso?«
L: »Du lernst schnell, Ariel. ;)))))«
A: »STOPP – AUSZEIT.«

…

A: »Du kommst mir wie jemand vor, dem es Spaß macht, andere zu quälen!«
A: »Warum legst du nicht mal alle Karten auf den Tisch – was bist du Krankes?«

…

A: »Bin ich denn so blind?«
L: »Ne, du bist nicht blind. Du hast nur die Augen schon zu. ;)«
L: »AUAAAAAA – wieder dieser Schmerz. *mal die Feuerwehr ruft*«
A: »Schon wieder so was. ;(– Du bist echt krank.«
L: »Wie lustig. – SPACEBALLS *lacht sich rein*«
L: »*mal ein Taschentuch reicht*«
L: »Guck mal, Ariel.«
L: »Nimm mal an, du würdest eine Firma leiten … «
L: »Da sind dann Unzählige von Mitarbeitern. Jeder macht seinen Job, so gut er kann. Doch einer ist dabei, der denkt nicht mal dran. Im Gegenteil, der streckt dem Chef doch glatt bedenkenlos den Mittelfinger entgegen – der hat nicht einmal Hemmungen dabei.«
L: »Das ist dann einfach kein so schönes Bild, geht man durch die Reihen – das passt da nicht so ganz rein.«
A: »ja … und das hat auch gar nichts mit mir jetzt zu tun.«
L: »Du wolltest dich doch finden, oder?«
A: » … ?«

L: »Du sprichst mit dir selber.«
A: »? ja – okay.«
L: »Du wirst in unserem ganzen Gespräch nur dich selber wiederfinden – lies es noch mal.«
A: »Hm … «
L: »Me lakta tu lakta – ich bin doch du! ;)«
A: »Ich bin du???? Wie????«
L: »Ich glaube, es geht gleich los. *lächel*«
A: »??????«
L: »Neeeeeein; du bist nicht ich … ich bin nur du.«
L: »Nur weil ich DU bin, heißt das noch lange nicht, dass du ICH bist.«
A: »?«
L: »Ich nehme mal kaum an, dass du heute in einer Kneipe warst?«
A: »Öh … nein.«
L: »Soso. – Bei mir ist das eben anders. ;)«
A: »?«
L: » … ich hatte heute eben sehr viel Ärger, bei mir im Betrieb. Da redet man am späten Abend schon einmal Blödsinn daher. :)«
L: »Nimm das bloß nicht so ernst jetzt, Ariel. ;)«

…

A: » … wenn ich wirklich eine Firma hätte und einer der Arbeiter würde mir tatsächlich seinen Mittelfinger ins Gesicht strecken, dann würde ich mich ernsthaft fragen, wo ich als Chef versagt hätte.«
L: »Mit anderen Worten, du glaubst, es besser machen zu können?«
A: »Ich würde den Arbeiter zumindest nicht wie ein anderer Chef gleich rausschmeißen.«
A: »Und vielleicht würde ich mich ja um den grad besonders bemühen.«
A: »Vermutlich würde ich mich erst wahnsinnig drüber ärgern, so was zu sehen. Aber ich nehme an, es gibt einen Grund, warum der Arbeiter das macht, was er macht.«

L: »Verstehe.«

A: »Ich würde mir auch ein wenig Sorgen machen, warum der auf seine Arbeit schimpft, und mich mal mit ihm gehörig aussprechen, was wohl schon lang überfällig war.«

L: »:)«

A: »Ich denke, ich wäre wohl kein guter Chef. ;)«

L: »Das stimmt. *lächel*«

L: »Wer bist du?«

A: »Ich bin Ariel, sagte ich schon – außerdem steht es die ganze Zeit in der rechten oberen Ecke.«

L: »Nein! Wer bist du wirklich?«

A: »Du meinst meinen richtigen Namen?«

L: »Ja.«

A: »Also meine Freunde nennen mich Jade.«

L: »Nein, nein – das geht so nicht. Ich brauche deinen richtigen Namen.«

A: »?«

A: »Wieso?«

L: »Keine Angst, ich werd dich schon nicht ausfindig machen, um dir etwas anzutun.«

L: »Nur mal, um deinen richtigen Namen zu lesen.«

A: »Okay – ich heiße Jasmin.«

A: »Deckert.«

L: »Schreib es doch bitte noch mal in eine Zeile. Bitte.«

L: »Das ist wirklich wichtig.«

A: »Okay, mein Name ist Jasmin Deckert.«

L: »Dankeschön, Jade. ;)«

A: »nzd«

L: »Ein schöner Name.«

A: »Dankeschön. :)«

L: »Ich denke, ich habe nun die nötige ›Bittschwerde‹ erreicht.«

L: »Oh, ich habe mich verschrieben: i = e; D/«

L: »Gute Nacht, Jade ;) – schlaf gut.«
A: »?«
A: »Okay. Nacht.«

Kapitel 4

Verwaschen sah sich Jade in ihrem Garten um. Ein sonniger Anblick, die bunt gemischten Blüten. Der warme Duft, das laute Brummen von Hummeln und grelle Schmetterlinge, so weit das Auge reicht. Warm bizzelten die Lichtquanten durch ihre Haut und eine sanfte Brise glättete ihr Haar zur Seite. Ein angenehm flanierender Rausch. Die gesamte Blumenwiese war nämlich noch viel größer. Gänseblümchen, vom angenehm streichelnden Wind gebeugt, halfen dem gepunkteten Marienkäfer, die andere Seite zu erreichen. Eine geradezu malerische Idylle. Mehrere Ameisen scharten sich schon, das neu lokalisierte Objekt zu identifizieren. »Das kitzelt«, sie zog den linken Fuß schützend unter ihre andere Wade. »Das ganze Gras kitzelt – herrlich!«, seufzte sie. Sie pflückte sich linksseitig liegend ein kleines Gänseblümchen verträumt hinters Ohr. Das ferne Vogelzirpen, vermengt mit einem kräftigen Meeresrauschen. »Einfach herrlich!« Sie spreizte ihre Arme und Beine nun noch weiter aus, um die gesamte Bewegung des Grases zu fühlen. Sanftes Rascheln im weichen Rauschen, gepaart mit grünem Duft. Die Blätter der alten Eiche wogen sich spielerisch im Wind. »Ich könnte hier ewig liegen bleiben, einfach nur so«, versuchte sie an den Schneeflockenwolken abzulesen. »Nur Grün, wohin man sieht«, streichelte sie mit ihrer Hand erneut das Gras. Mit einer allzu lässigen Bewegung ging Jade in die Hocke und musterte ihre Position. Verwobene Nebelschwaden ließen dampfende Kristalltröpfchen zurück. Darüber, unglaublich, ein farbiger Regenbogen. »Warum fehlt nur das Blau?«, dachte sie schon wieder. Sie zuckte die Schultern und lief weiter, die Gegend zu erkunden; hier fühlte sie sich wohl. Die Luft mit rosa Fäden seicht durchsponnen. Da war ja auch schon das Meer, man konnte es nur noch nicht hinter der leicht ansteigenden Kuppe sehen. Wunderschön, die helle Mittagssonne darüber. Eine Spatzenwelle flattert verschreckt in den Himmel, als Jade sich gegen den knarzenden Holzzaun lehnt. Dahinter klafft nur der Abgrund einer 30 Meter tiefen Steilbucht. Doch auch das schien Jade nicht wirklich Angst einzujagen. Sie hatte das Meer noch nie so nahe gesehen und der salzige Geruch, der jetzt in die

Nase stieg, ließ sie aufniesen. »Ich glaube, das sind Enten, dort in der Bucht. Und das ein Schiff.«

»Wunderschön, der bunte Schimmer im sich spiegelnden Wasserfall. Wie laut der aber schreien kann – man hört ihn ja bis hierher«, denn er überschlägt sich ja auch zweimal. »Da ist ja auch das Ende des Regenbogens«, sie düste flink hinüber, diesen Quell zu ergründen.

Ein blaues Pfauenauge flog lange Zeit neben ihr. Obwohl ein Wettrennen zu Land gegen Luft oft viel mühseliger erscheint, war es Jade kein Hindernis, ihn bis zum steilen Riff zu jagen. Erschöpft saß er nun auf der anderen Seite des gewaltigen Flusslaufes, kein Wässerchen trübend. »Das ist gemein!«, rief sie von drüben und beäugte kritisch den reißenden Strom in die Tiefe. Strahlend weiße Linien karreetieren klare Wellen zirkulierend. Ein breiter Bach – und so tief –, ihr Fuß spielte bereits gefährlich nah am Wasser. »Es ist doch ein Wasserfall«, korrigierte sie das zuletzt Gedachte sofort. »Man kann nicht mal richtig über den Abgrund sehen«, ärgerte sie sich. Sogleich beschloss sie, den Fluss entlangzulaufen. Denn irgendwo wäre ja bestimmt eine Brücke, überlegte sie, und bestimmt gäbe es da noch mehr tolle Plätze. Sie rannte nun, um schneller weiterzukommen.

Der Fluss teilte sich und an seinem Ende fand sich keine Brücke. Lediglich eine unüberwindbare Felssteinwand, aus der der Bach wohl rauszukommen schien. »Bach?« Sie schielte fassungslos zum jetzt pfützengleichen Rinnsal hinüber. Sie musste wohl weiter gelaufen sein, als sie wollte, wurde ihr bewusst. »So klar, so sauber, das Wasser«, schwärmte sie, »und der Baum, um den es sich schmiegt.« Wie lustig ein gewöhnlicher Apfelbaum im Wasser aussah, vor allem wenn man glaubte, das Wasser aus seiner Wurzel aufsteigen zu sehen. »Könnte man echt fast meinen«, sie grub mutig die Finger in das Zerrbild des Stammes. Ihre Hände zitterten wie ein Kelch voller Wackelpudding. Viel tropfte daneben, so kalt war das Nass. »Und so erfrischend«, umschlossen ihre Hände das kalt zerknitterte Gesicht. Würde man es nicht besser wissen, hätte man geglaubt, sie sei am Verdursten, so viel Wasser, wie sie trank. Womöglich war sie ja vom Weg noch sehr erschöpft; oder auch eine Verlockung wegen des Reinheitsgrades. Jade säugte wie ein Lamm an seiner Zitze. Sie hatte danach mehr Wasser geschluckt, als währenddessen an ihrem rechten Bein vorbeitröpfelte. Ungeachtet dessen verfing sich doch der blaue Schmetterling gleich im Felsvorsprung dicht darüber im Netz. Sie stieß hinab wie ein Raubvogel. Das rote Kruzifix wippte wie eine Nähmaschine erbarmungslos, um die hilflose Kreatur doch endlich zum Schweigen zu bringen. Ein weißes, regungsloses Knäuel, als einziges Souvenir rucksackartig auf den Rücken geschnürt, wurde flink in Sicherheit verwahrt. Leichtfüßig tippelte die Spinne grazil mit ihrem viel zu großen Beutel über das Seil.

Schwarz färbte sich urplötzlich die Hand. Den Wasserspiegel verschmierte augenblicklich ein tiefvioletter Film. Die Gesamtheit des Edaphons sprenkelte rasch haarige Flimmerfädchen. Geronnene Äderchen vermischten sich zu schnaufenden Zellen. Wie eine gigantische Schnecke, die die ganze Atmosphäreverschlang, färbte sich der Himmel schwarz. Auch an ihrer Hand klebte nun das Zeug – widerlich. Sie hatte es gar nicht bemerkt, so leise wie es angekrochen kam. »Blutegel«,schoss es ihr durch den Kopf. Oder war das sogar das Wasser? Das war nun schwarz, sie sah ihr dunkelblaues Bild im wabernden Spiegel. Es fühlte sich sehr geleeartig an und war auf merkwürdige Art sehr warm. »Ich kann mir Angenehmeres vorstellen«, jammerte sie; denn auch nach mehreren Versuchen, den Schleim abzustreifen, blieb der Erfolg aus. »Das graue Gras scheint den Brei aus irgendeinem Grund nicht anzunehmen«, versuchte sie das Bächlein gazellenhaft zu überspringen. »Ist das nicht ein Blitz da drüben, wo ich herkomme?«, fragte sie sich, oder erlag sie einer Augentrübung? Millionen rubinroter Blicke fletschten nun verschreckt aus dunkler Ritze. »Wenn das ein Blitz war, hab ich keinen Donner gehört«, sie widmete nun ihrem unerwünschten Ballast ungeteilte Aufmerksamkeit. »Wie krieg ich dich nur runter?« Ein feuriger Komet durchzog brüllend den morgendlichen Sternenhimmel. Sie blickte nach oben, um den Himmel jetzt blutgetränkt zu erkunden. Selbst die Sterne waren weinrot.

»Das ist wirklich ungewöhnlich – so viel Rot auf einmal. Der ganze Himmel scheint ja im Feuer zu baden«, sie konnte es kaum fassen, ihre Hand wieder makelfrei zu erfühlen. »Wo ist denn der Baum hin, wo ist die Quelle?« Ihre fragenden Blicke durchforschten eine karge Gegend. Eine leblose Wüste stellte lediglich einen brodelnden Vulkan in den Vordergrund. Laut rumorend schien er nur darauf zu warten, jeden Moment seine nächste Ladung hinauszukatapultieren. Die Luft kochte in ihrer Lunge. »Ein Felsen?« Ein fliegender Schatten bewegte sich fetzenartig. Spitze Krallen umrahmten einen langen Hals. »Ein Drache, der Feuer speit«, staunte Jade Bauklötze zur Bronzefigur im fernen Feuerhall. Sie besann sich sofort wieder. »Nicht wundern«, dämmerte so langsam ihr Bewusstsein, im Traum zu stöbern. Die Sonne, wohl besser ein Eismond blauen Feuers, nötigte Jade, ihr Umgebungsklima schleunigst zu wechseln. Ihr Atem knisterte schon wieder warm und die Winde waren unangenehm frostig. Gemäß der Ironie, geleitet vom goldenen Lavastrome am roten Sand, schien das Land verhältnismäßig kalt zu bleiben. Eiskristalle verfestigten sich auf feurigem Korn. Krustige Warzen erkalteter Schollen auf dem Lavasee, hatte man so was schon gesehen? »Dieses Land scheint eindeutig zu frieren«, bibberte Jade und setzte ihr bedächtiges Schreiten gleich rascher fort. Man wollte hier sicher nicht länger als nötig bleiben, es war viel zu kalt. Ein schwarzer Rabe hackte, während sie vorbeiging, einen roten Klumpen. Unzählige Schatten umringten sie. Sie warteten wohl nur auf das große Schlachtfest. Jade setzte unbedacht einen Fuß auf eine kiesbedeckte Marmorplatte. Risse getrockneter Erde mauerten auf magische Weise ein neues solides Fundament. Nur anhand dieser feinen Ausläufer las man deutlich die Wetterextreme einer gepeitschten Geisel. Sie befand sich vor den halb zerfallenen Mauern einer alten Tempelstadt. Breites Staunen. Alles lag in Stille, einsam und vergessen. Düster und uneinsehbar klafften die Löcher im hölzernen Tor, an dem sie nun festhing. Groß waren die Flügel und weit standen sie auf. Das eine von ihnen war ja auch halb zerfallen, lächelte Jade, das würde nie halten – nicht mal mit einem neuen Bolzen. Man konnte nicht sagen,

ob der Zerfall gewaltsam oder durch die Zeit verursacht worden war. Das Moos verwoben in dem morschen Gemäuer, während das gebrochene Gehölz flechtende Risse zog. Einst mächtige Ikonen längst vergessener Königreiche. Pure Vermutungen anhand von Spuren antiker Kultur – das war sicher einst wunderschön gewesen. Stumme Zeugen einer längst vergangenen Zeit, aufs Mauerwerk geschächtet. Sie schlenderte ihren Weg, begleitet von dem Knirschen gesprungener und grasüberhangener Marmorplättchen, zielsicher einem geometrischen Komplex entgegen. Nicht einmal das untergründige Rumoren konnte Jade jetzt abhalten, ihr Ziel zu erreichen. »Das sieht ziemlich wichtig aus«, fieberte sie dem fremdartigen Nexus entgegen. Die Luft in Purpur schien jetzt buchstäblich aufzuflackern und hinter jedem Säulenpaar zwinkerten mehrere zwielichtige Augenpaare hervor. Ein angsteinflößendes Terrain und zugleich dennoch das Gefühl, diesen Weg mehrere Male bereits gegangen zu sein. Widersprüchlich– schizophren. Babylonische Muster durchstrickt mit hochtechnologischen Hologrammen – eine Spaltung einfach unmöglich. Die Terrakotta leistete wohl auch seinen ganz eigenen Beitrag, diesem heimtückischen Dunkel in nichts nachzustehen; und selbst in einer solch prekären Situation fragte sich Jade ernsthaft, ob die kleinen Plättchen wegen ihr oder wegen der Vibration wohl knirschten. Auch das machte ihr keine Angst – nur ein lästiges Geräusch, die angenehme Stille brechend. »Wie eine Klette knirscht das ja.« Sie beäugte die Furcht einflößenden Obelisken zu ihren Seiten. Ein schwarzer und ein weißer. Sie warfen ihren rosigen Schatten mühelos einige Meter weit. Der Zahn der Zeit schien ihnen nicht im Geringsten Schaden zugefügt zu haben.

Sie spiegelten den Sonnenball in ihrer Farbe wider, und das Tor, vor dem sie nun stand, war mystisch hell erleuchtet. Daneben eine blendend weiße Tempelmauer. Ein Schemen fledderte herbei, sie mit rubinroten Augen zu überwachen. Ein Gargoyle, in die Zinne gehauen. »Als hätte man sie mit Leuchtfarbe frisch gestrichen«, rümpfte Jade die Nase, keck dem goldenen Tor wieder zugewandt. Sie verlagerte kurz ihr Gewicht, um das saftig braune Pyramidenemblem darauf auszubalancieren. »Eine

Schlange mit Flügeln«, sie holte Luft und der Glanz verschwand in den Boden. Graue Schwaden sogen sich netzartig in die Steine. »Sie scheinen ja zu atmen. Die Mauer scheint zu atmen«, schrak sie erstmals kurz auf. Doch der Wille unterdrückte das Gefühl. Jetzt war sie so weit gekommen und da unterbricht, einfach so, ein Goldtor ihre Reise. So was machte Jade sehr wütend. Gefrustet trat sie mutig dagegen, um doch noch Einlass zu finden. »Dieses Tor ist wirklich makellos«, bedauerte sie ihre Misere. »Wie kommt man da nur hinein?« Sie taxierte die spitze Gravur fix mit ihren Augen. Kratzer würden wohl sehr schwer in dieses fremde Material hineinzubekommen sein, selbst für Jade. Sie hatte schon immer ein Faible, Dinge rein aus Versehen kaputt zu kriegen. Was Jade nicht wusste, war, dass das Tor nie von Menschenhand geschaffen worden war. Es bestand aus reinem, konzentriertem Licht. »Ein ideales Mitbringsel für mein Zimmer«, lachte sie laut und trat noch mal dagegen. Sie war sich sicher, hätte jemand sie gesehen, hätte er ihr selbstverständlich beide Torhälften weit geöffnet. War ja schließlich ihr Traum – oder doch nicht? Es folgte sogleich der letzte Hieb. Das Eldorado barst wie auf Kommando und streckte beide Arme einladend aus. Die goldenen Angeln klappten knöchrig nach hinten in den Boden. Krachend den Sand nach vorn siebend, vernahm man gequältes Heulen. »Das war ja gar nicht so weit weg; vermutlich nur ein Wolf«, überlegte sie, gespannt durch die Situation. Ein klaffendes Loch und darin eine kleine Spinne, wie ein Wurm um das klobige Scharnier gewunden. »Die muss wohl auch schon länger hier festgesessen haben. Ich denke nicht, dass dieses Tor jeden Tag benutzt wird«, grübelte sie, dem lauten Kreischen aufmerksam bis zum Ende lauschend. Sie stieg die sieben weiß polierten Marmorstufen hinab in die Krypta. »Ein wirklich großer Raum«, war die bodenlose Untertreibung eines quadratischen Tempelareals, das sich nun vor ihren Füßen entfächerte. Ihr Schatten spitzte sich peilgenau der Mitte des Raumes zu. Man beobachtete mehrere Fackeln in diesem morbiden Gemäuer, sich am Sonnenkegel selbst entzündend. So langsam konnte man auch etwas mehr durch die dunklen Fleckchen erspähen. Wenn der Raum so sym-

metrisch war, wie er aussah, mussten es neun Fackeln sein, rechnete sie sich schnell aus. Selbst hier arbeitete ihr Gehirn elektrisch wie ein Computer. Acht waren paarweise den verschiedenfarbigen Haltern parallel zugewandt. Doch da war auch noch eine besonders große auf dem Tisch. Natürlich war es wieder die Einzelne, die Jade äußerst reizvoll zu Weiterem anstachelte. »Fast wie in Aladins Schatzkammer«, fuchtelte sie wild, trunkenvon antiker Atmosphäre, um mehr zu sehen. Im Tiefenrausch war sie hellauf begeistert, Feuer und Flamme zu fangen. Ein goldfarbener Ständer in bildhübscher Silberüberlagerung schloss bündig an den warmen Hall. »Hier ist alles so hart, entweder ist es aus Gold, Silber, Eisen oder Stein.« Sie legte prüfend eine Handfläche auf den Boden. »Das einzig Weiche ist das Licht im Messinghalter.« Der Boden war ein einziges Kunstwerk vollkommener Bilder. Das Mosaik zahlloser bekannter wie unbekannter Schriftzeichen, gemeißelt auf weißem Stein, die sich alle zur Mitte hin zu bewegen schienen. Schwarz daneben das jeweilige Konträre. »Vielleicht sieht ja so mein Laptop von innen aus?«, überspielte sie rasch die Orientierungslosigkeit ihrer Lage. Die Wände, soweit man sie sehen konnte, enthüllten diverse arkane Symbole auf robengesäumten Lavavorhängen. Ein magmafarbener Smartiepunkt krabbelte an ihr vorbei. Sein Quietschen laut unterdrückt. Das helle Tattoo auf dem Rücken glimmerte nun im warmen Glühwürmchenstil fast wie ein Fadenkreuz. Scheinbar schien sie sich nicht als Einzige für das Zentrum zu interessieren. Jade schnallte geschwind, das nächste ungleiche Wettrennen zu verlieren.

Im Kern lichtete sich dann ein spartanisches Becken, deutlich im flammenden Dorn abgegrenzt. Mitten auf dem Nass dieser kreisrunden Scheibe trieb ein missgebildeter Felsen. Die große Fackel durch vier Wasserspeier zentriert. Schwarz funkelten ihre roten Augen auf. »Ein Wolf, eine Schlange, ein Drache und ein Skorpion«, sie nahm alle kurz himmelsrichtend ins rechte Maß. Das dunkle Kriechen an der Wand blieb von ihr jedoch unbemerkt. Matt blitzten die erstickten Reflexionen kupferner Strahlen. Jade sah mit weit geöffnetem Mund unten ihre glitzernde

Begleiterin mit einem Köpfer ins Wasser eintauchen. Pfeilgleich senkrecht schoss die Larve ins spiegelnde Grau hinab und schnellte gekonnt wie ein spitzer Aal heraus. »Können Spinnen denn jetzt auch schon schwimmen?«, überschlugen sich ihre Gedanken wellenartig. Delfingleich schnellte sie aus dem Wasser. Purpurne Fingerküppchen verkrochen sich rot unter dem steinigen Belag. Ebenso schnell kroch ein orangenes Händchen da hinein, um sich im neu entdeckten Versteck sicher zu wähnen. Der mächtige Fels wirkte jetzt, als ob Funkensphären silbrig sprühten. Das unrhythmische Aufflackern rötlichen Feuers stiftete den nötigen Rest, um die gruslige Atmosphäre zu bannen. Er vibrierte immer heftiger und begann sich neu zu formieren. Die horizontale Trennlinie trieb reibungslos auseinander. Der untere Pfropfen löste das obere Feucht kalt anschwellend. Die glibberige Masse, violett aufgeweicht, erwachte zu neuem Leben. Vor ihr entblätterte eine schwarze Gestalt ihr mumifiziertesAntlitz. Dunkler Schleim tropfte zurück in die grün blubbernde Brühe. Heiße Bläschen platzten auf der Oberfläche. Die lilafarbene Kleistermasse verfestigte sich spiegelglatt zu einer genoppten Decke. Ein schwerer Klotz erhob sich mechanisch aus dem gesteppten Deckmantel und sein Umhang war eisenkettengleich. Wie ein aufgezogener Vorhang schlüpfte der Golem aus dem Teich hervor, um starr seine Pose neu einzunehmen. Regungslos, als wäre er schon immer da gestanden. Zwei ineinander verkeilte Sichelmonde zierten die Gürtelschnalle seines weißen Rockes. Die silbernen Armbänder und das angelaufene Medaillon bestätigten die offensichtliche Wichtigkeit dieses Siegels. Die wenigen gezählten Haarsträhnchen waren zu schattenbleichen Hörnern verdrillt. Unter dem ochsenartigen Maul hielten gespannte Sehnen einen goldenen Bogen. Starke Hände und ein breiter Nacken. Amfortas residierte, königlich kniend, vergebens seiner Amnestie entgegen. Es fehlte nur sein mächtiger Thron, um die von ihm ausgehende Größe zu unterstreichen. Die muskelösen Schwingen – genau genommen acht Fingerknochen – vermissten eine schützende Hülle. »Der sieht ja interessant aus«, sie ging freilich unbedacht weiter, um das gute Stück zu fassen. Ohne den Hauch eines Zweifels nahm sie die schwere Waffe an sich. Es raubte ihr sicher mehr Kräfte als vermutet, denn dieser Bogen wurde nur allzu selten in großen Schlachten eingesetzt. »Eine Waffe wohl nicht wirklich für die Jagd gemacht. Viel zu sperrig«, sie schloss die müden Hände um den reich geschmückten Griff. Ihre Finger füllten sich auf einmal mit Taubheit. Sie fühlte sich ein wenig schwächlich. Angesichts der einhändigen Leichtigkeit, der sie dieses Artefakts beraubte. Sie fing sogar an, daran Spaß zu finden, so einen Bogen in Händen zu halten. Ein stärkendes Gefühl von Sicherheit ließ sie leicht die fellige Sehne zurückspannen. So musste sich Elefantenhaut anfühlen. Wirklich ein lustiges Bild. Was Jade nicht sehen konnte: Der Bogen war viel größer als sie selbst. Sie bemerkte das dann auch beim ungeschickten Hantieren mit seinen Nachteilen. Die unbewegten Augen der grauen Plastik bohrten sich jetzt trüb und lanzenartig aus ihren Höhlen. Allein mit dem Köcher im Fahndungsraster blieben schattige Verschleierungen unbemerkt. Genauso schnell war der dann huckepack und ein Sonnenpfeil ebnete die lange Gerade. Vergebens wandte sie sich Hilfe suchend an ihre Beine, um den Bogen zu spannen – die Neugier war geweckt –, und fiel ungeschickt auf ihr Gesäß. Den Aufprall mit ihrer linken Hand abfedernd, ritzte eine scharfe Kerbe ihre Haut. Wie ein Reißverschluss blättere sich ihr Leder auf – der Nagel zog sich tief ins Fleisch. Sie hatte sich am Dorn reich verschnörkelter Ornamente unglücklich verhakt. Blut träufelteaus dem Rücken der Speichen. Der harte Blick ließ nicht locker. Zwei Pupillen lugten hervor. »Sie sieht mich«, ängstigte sich Jade, das kostbare Lebenselixier aufzufüllen. Schwarze Tränen dunklen Blutes rannen über die beiden Marmorwangen des Zentauren.

Ihre Hände suchten fest klammernd am Griff Halt. Das Material der Statue erodierte faserig zu Rost. Reiner Sand körnte und der Boden begann, heulenden Wind auszusenden. Nur der sengende Schmerz des Handrückens blieb im wehenden Nebel zurück.

Kapitel 5

Grau. Genauer gesagt, in verschiedene Schattierungen von Weiß zu Schwarz klärt sich das Bild auf. Die Leinen der dünnen Decke sind jetzt im Sommer genau das Richtige gegen die heißen Temperaturen. »Ganz schön muffig riecht's hier«, schnüffelt sie und schlägt sich aus der Decke zum Holzfenster. »Igitt, Spinnweben im Gesicht.« Sie wedelt sogleich über ihre Nase. Geölt singt das eiserne Scharnier Balkoniens, als sie die blaue Brise ungehindert in ihr Zimmer strömen lässt. »Herrlich«, atmet sie tief durch, um den trüben Sonnenhimmel jetzt frei zu sehen. *(Ist der wirklich so herrlich?)* Üble Träume setzen einen schönen Start. Das Farbenspiel der pastellartigen Dächeridylle, in braunen Ölfarben verschmiert. Kaminrote Farbkleckse ohne eine erkennbare Umrandung. Das warme Bunt, nur trübe Schatten. Die Luft schmeckt nun auch angemessen fader, fast schon wie das Benzin einer Tankstelle. Auch ihre Bewegungen sind sehr unkoordiniert, fast wie betrunken. »Jede Menge Sonne und kaum Wolken.« Sie zieht das Rollo ein Stückchen herunter. Das düstere Graublau kann ja gefälligst draußen warten. Bedauerlicherweise bleibt der sonnige Zitronenfalter auf ihrer Fensterbank unbemerkt. Schlaff hängen die schmutzig grauen Gardinen neben grünbraunen Vorhangstangen. Die magentabeißende Kordel ist ein kleines Stückchen geschlossen und das Sonnenlicht auf eine winzige Spalte gepresst. Ihr brauner Schatten geleitet sie schwebend zum Spiegel. Ihr Rückenmark schien von innen heraus bersten zu wollen. So, als hätte sich etwas eingenistet. Die Bewegungen fallen ihr plötzlich viel leichter. Sind das Bewegungen? Roboterartig – stark. Irgendwie scheint der Fuß beim Gehen magnetisch in jedem Punkt der Luft einzurasten. Jede neue Bewegung muss erlernt werden, das weiß man doch. textit(Lass dir Zeit dabei.) »Lustiges Gefühl. Irgendwie ist alles so verdreht!« Sie erschrickt sogleich über ihr Gesicht, als neben dem Mund ein schwarzer Mitesser hervorstach. »Das ist doch gar kein Pickel«, sie reibt das flache Blättchen mit der Fingerspitze ab. »Sah fast wie ein braunes Muttermal aus.« Der Grind fliegt propellerartig zu Boden. »Wahrscheinlich von der Marmelade von gestern Abend. Die war ja so lecker«, schwärmt sie. Jade liebt Erdbeeren über alles. Ein feuerroter Teppich rollt sich aus dem Mund – die Zunge. »Sind das Striemen da am Hals?« Oder täuschte nur eine Schattierung das müde Auge? Die Narbe auf ihrem Handrücken würde wohl nie mehr ganz verheilen, sie streicht sanft schwelgend darüber. Eine bedeutungslose Erinnerung an ungehemmtes Kinderspiel und schon fegt sie auf Kommando die leeren Bierdosen mit dem blanken Arm in den Abfalleimer. Ein Schwarm brauner Mückchen floh augenblicklich auseinander.

Auf der Terrasse sieht sie schon ihr Nesthäkchen. Es verkriecht sich im Holzrost zwischen zwei Lattenbalken. »Chronos« hat sie ihr Samtpfötchen getauft. Anstelle von rotschwarzem Harnisch übersäen Tausende gelblicher Härchen den weichen Flaum. Statt schwarz war die Spinne jetzt hellbraun. Das Alter? Eine andere Spinne? »Die sieht jetzt aber irgendwie gefährlicher aus.« *(Ist das denn so?)* Eine wahre Bereicherung für jede bereits mehr als gestresste Mutti, ihr Kind so etwas ausgraben zu sehen. Jasmin baute, seit ihr Onkel das Haus verließ, eine innige Beziehung zu dieser Verandaspinne auf. Sie nahm sie in ihre neue Wohnung mit und seitdem hütet sie Tor und Angel. Sie bildet sich sogar ein, dass die Spinne unerwünschten Besuch fernhalte. *(Hast du denn überhaupt noch Besuch?)* Sie sucht sich dann auch immer das gleiche Versteck aus; denn Jasmin stört die Spinne nicht und die Spinne stört Jasmin erst recht nicht. Sie guckt nur gelegentlich mal ins verwebte Loch. Nicht selten ließ Jasmin Chronos behutsam über ihre Hand gleiten. Nach anfänglich starker Unterdrückung von unbekanntem Ekel gelang es Jasmin dann doch, der Spinne ihre Freundschaft zu bekunden. Chronos honorierte das dann meist, indem er ihr ruhig entspannt weit seine beiden Vorderbeine entgegenspreizte. Rhythmisch schien er ein zufriedenes »Ja« hinaufzuschnurren. Ulkig, die seidenen Kokons in der Speisekammer in Reih und Glied nebeneinander hängen zu sehen. Fast zu schön, um wahr zu sein. Zwei Wesen, wie füreinander stilvoll gefertigt; sie teilen zumindest ein Mal den gleichen

Sinn für Geschmack und Ordnung. Genauso bringt Jade lässig neuen Nachschub hinein. Eine vom Vorabend gestutzte Fliege, noch hilfloser zappelnd als ohnehin, schon zum delikaten Dessert fachgerecht tranchiert. *(Was für ein widerlicher Brummer!)* Kaum erspürt, springt die Spinne auf die leichte Beute und beginnt ohne lange Umschweife ihre Strickarbeit. *(Als hätte sie schon fast darauf gewartet.)*
Der Tag begann schon seltsam genug. Hatte Jasmin doch glatt ihren Wecker überhört und war viel zu spät wach geworden. Die Vorlesung! »Das war in diesem Jahr viel zu oft schon vorgekommen und die Professoren würden bei so was auch nicht gerade begeistert sein«, flucht sie. Der Wecker hatte sich einfach um fünf Stunden zurückgestellt. Auch der mittlere Strich der Zwei blinkt von jetzt an im Sekundentakt. »Auf die modernen Geräte ist aber auch wirklich kein Verlass mehr«, seufzt sie, ihren letzten Kauf bereits verwünschend. Der alte Wecker war ihr doch eigentlich ans Herz gewachsen. Auf den konnte man sich wenigstens immer verlassen. Und jetzt klingelt zu allem Überfluss auch noch das beige Telefon *(Was gibt es denn? Wir haben es doch eilig!)* Onkel Samuel war am Apparat. Seltsam, sie hatte gerade kurz zuvor an ihn gedacht. Es war eine sehr schöne Zeit mit ihm gewesen, kurz nachdem Vater verstorben war. »Wir haben sicher viel Spaß gehabt, ich dachte auch grad daran«, meint sie knapp. Eine blecherne Stimme führt fort: »Ja – und wenn du dich mal wieder einsam fühlst, Jade, dann sag ruhig was und ich komm mit dem nächsten Zug runtergebrettert.« »Nein danke, Sam. Das ist nicht nötig«, beteuert Jasmin zuversichtlich, »ich habe doch jetzt ganz viele Freunde. Das lässt sich wohl nicht vermeiden, wenn man schon länger studiert«, neckt sie. »Dann pass mal auf, dass du das Ende nicht verpasst. Es könnte aufstehen und dich überholen«, höhnt Samuel. *(Das lass doch gefälligst mal bitte meine Sorge sein.)* Sie kichert lediglich: »Pass mal auf, dass dich das Ende nicht abpasst – es könnte aufstehen und dich holen.« Hustendes Gelächter schallt von der anderen Seite. »Ich werde mich bald wieder melden … «, beendet er wie fast immer sein Gespräch, »mein Schatz – pass auf

dich auf!«, und er gibt seinen Segen. *(Nur eine dreckige Floskel – was für eine Wortverschwendung!)*
Die Tür fällt krachend ins Schloss. Mit ungeheurer Anstrengung stemmt sie sich dem lärmenden Großstadtwild entgegen. Ihre Füße funktionieren in unglaublich starker Anziehungskraft zum Boden; als trüge sie Mondlandungsschuhe. Auf seltsame Art lustig, dieses ungekannte Gefühl einer Bewegung. *(Interessant. Lustig also.)* Gefühllos, kalt. So grau, die Welle schwarz-weiß planierter Wege aus Beton. Steril. Graue Mauern – graue Häuser. Die Farben schienen schon lange nicht mehr echt. »Fast schon zum Ekeln«, Jasmin würgt dunkelgrünen Morgenschleim hervor und speit den Brocken neben die Rinne zum unschönen Patzer.
Ihr Auto, ein kleiner, roter Mexikokäfer – sie liebt ihn über alles. Gegen kein anderes Auto wäre sie bereit, ihn einzutauschen. Zu fest stand schon die Bindung, viel zu lange. Leider hatte ihm das Rost-Gewächs über die Jahre ebenso kontraproduktiv wie übel mitgespielt.
Korrosion. Gerade im Sommer mag es gern auf kleinem Raum ziemlich heiß werden. Der winzig schwarze Bunker schreit förmlich nach Luft. Jeder Einbrecher hätte wohl leichtes Spiel bei ihr gehabt – dennoch schätzt sie sich ruhigen Gewissens sicher. So schön das Auto auch war, es würde den Dieb mit seinen unverkennbaren Mankos überfordern. Ihr Auto hatte eben Charakter. Sie startet den Motor nach langer Zündung. Ein Rasenmäher heult Trick-siebzehn-verdächtig auf, flink ist sie schon ums nächste Eck. Unbemerkt windet sich ein Spinnfaden um ihren linken Seitenspiegel. Die rechte Seite hatte in der Vergangenheit schon schwer gelitten: kein Spiegel, keine Zierleiste und auch nur einnotdürftiger Blinker. »Zum Glück sitzt ja selten einer rechts«, schmunzelt Jasmin; sie liebt es eben, Dinge unbeabsichtigt kaputtgehen zu lassen.
Alles wirkt sehr facettenhaft, mathematisch eingeteilt. Viele kleine Quadrate hüpfen von einem Bild ins nächste; nur ein dummer Mensch sieht darin eine Bewegung. Vibrierende Punkte, die sich mit anderen Punk-

ten ohne erkennbare Grenzen zu schemenhaften Formen verflüssigen. Wabernde Wellenlinien kreisen ständig zu ihrem Ziel, ohne Rücksicht auf das wässrige Bild dahinter. Das Lied »Sweet Dreams« trällert aus dem Radio. Ein unruhiger Zeigefinger wippt verspielt im Takt. »Dabei ist die Version von Marilyn viel besser«, vergleicht sie. Schon bremst sie weiter an der »Dreier-Ampel«. Die wurde deswegen so genannt, weil man genau drei Sekunden besitzt, um eine fünf Meter breite Straße zu überqueren. »Was bei drei nicht drüben ist, wird überfahren«, grinsen ihre Zähne breit ein makabres Sprichwort. Jasmin hörte mal, dass sich die alten Menschen besonders darüber aufregten. Aber irgendwie ließ das damals fast jeden anderen, besser befußt, ziemlich unbeeindruckt. Schließlich schaffte man das locker, beeilte man sich eben nur »ein wenig«, und deswegen hat sich bei der Ampel auch nicht viel geändert. »Jetzt geh schon, Omma«, wünscht Jasmin die alte Dame fort. *(Man könnte sie zur Seite schieben.)* Sie hat doch jetzt grüne Bahn, nur der gesprenkelte Nerzmantel kreuzt ihren Weg. *(Fehlen nur die Federn und es wäre ein Huhn.)* Links ein Lastwagen. Blass ziert der graue Schriftzug »Der Wächter kommt« den schwarzen Belag. *(Gelesen???)* Jasmin sieht schon gar nicht mehr hin, um über das nächste Hindernis zu stolpern. Ein blau-weißes Schild leitet den Kreisverkehr ein. »Vor Radfahrern musst du dich besonders hüten«, dröhnen verzerrte Erinnerungsfetzen. *(Was für eine lahme Ente ist denn da vor uns? Wo gibt es denn bitte das nächste Gewehr?)*
Wütend zieht sie hupend eng an einer getunten Kutsche vorbei. Der silbrige Mustang wiehert erschrocken zurück. *(Und der bewegt sich auch keinen Zentimeter. Muss der da mitten in der Kreuzung stehen bleiben?)* Das schwarze Nummernschild »507« ist sofort digital präzise entschlüsselt: »S – O – L; Sol«, formatiert sie die Zahl, um sie nun endgültig im Langzeitspeicher zu behalten. Wie das Salz der Sonne auf der Haut brannte sich diese Information nun tief ein, während sie an den Bäumen vorbeirast. *(Um eventuellen weiteren Vorkommnissen vorzubeugen – das Bürschchen haben wir uns schon notiert.)* Dann war man

schon gewappnet für den nächsten Treff. Sie merkt sich das Freundchen schon mal lieber vor und senkt ihren Bleifuß unter den schwarzgrauen Gummiboden. Darum gibt es eben Stau – weil jeder andere nicht fährt und nicht drängelt. *(Jeder andere eben.)* Sie bleibt mal lieber ungereizt. Die Methode ist doch schon wieder alt für sie. Jasmin macht das nur gelegentlich, um noch in Übung zu bleiben, sich Dinge zu merken. Auffälliges nimmt sie dadurch bewusster wahr. *(Das denkst du zumindest.)* Das stimmt zum Teil schon: Sie kann, wenn sie nur wenige Sekunden einen Menschen ansieht, jedes Detail an ihm aufzählen – und sich über einen längeren Zeitraum problemlos merken. Da gab es an jedem Menschen sicher einige Accessoires. Oft waren es auch Details, die dann nur ihr auffielen, die den meisten Menschen an sich selbst entgangen waren. »Ach, wirklich? Ich habe einen Milchbart?«, frisst eine anekdotische Aminosäure Windungen in ihr Hirn. Jasmin hatte schon immer ein gutes Händchen, was Kleidung betraf. Ergab doch Sinn, wenn man über die Kleidung eines anderen mit sich verhandelte. Das versteht sich.

Auf dem Unigelände beäugt sie akribisch die Uhr. Sie stellt fest, sowieso viel zu spät zu sein, und wegen zehn Minuten beschließt sie, lieber gleich ein ganzes Seminar platzen zu lassen. Eines mehr oder weniger. Sie wollte doch nicht unbedingt kurz vor Ende da einfach so reinschneien. Das würde sich nicht lohnen und sie könnte das schon irgendwie regeln. Schließlich ist sie nicht auf den Kopf gefallen, die nächste authentische Ausrede liegt schon passend parat. Denn zu reden hat sie inzwischen mehr als ausreichend gelernt. In der Kommunikation findet sich ein zweiter Schlüssel Solomons, um weiterzukommen, diagnostiziert Jasmin. Warum redeten die meisten Menschen nur so viel? Die meisten Menschen reden eben nur so viel, um ein anderes Gegenüber zu finden, das ähnlich viel redet. Gleich und Gleich gesellt sich gern, das weiß man. Hoffte man nicht, durch endloses Zwitschern den passenden Gegenpart zu finden? Dabei überlagert zumeist Quantität die Qualität eines möglichen Inhalts vollkommen. Eine Rede ist meist dann gelungen, wenn man viel zu sagen weiß, ohne wirklich viel zu sagen. Das wäre dann eben ein hübscher Nebeneffekt, wenn es anders wäre. Sie bewundert flüchtig das Schattenspiel der viel bzw. nichts aussagenden Kunstwerke, lieblos auf den grünen Rasen geschmissen. Das finden dann nämlich die meisten Menschen attraktiv. Sie erkennen sich ironischerweise selbst. Nach diesem Motto verfahrend spielte Jasmin schon sehr vielen Kommilitoninnen und Schulbuben einen bösen Streich. Bei Referendariaten zählt nun mal der bessere Eindruck – sie zupft ihr Hemd zurecht – und der gebührt natürlich dem Besseren, so offeriert sie stolz ihr Bustier. »Der Bessere gewinnt eben immer«, fletscht sie die Zähne, mit ihren Notizen fürs nächste Gefecht gewappnet. Der angemessene Gang, aufgeblätterter Ordner beim raschen Gehen lassen Jasmin hier schon fast ein bisschen heimisch wirken. Das war nicht immer so. Ihre neue Brille besorgt den Rest. Auf die Zwiebel gespitzt, immer noch sieben Minuten Zeit. Reicht, um sich alles »noch mal schnell« durchzulesen. Bei den meisten bringt das wenig. Viele verwirrt es, sich vor einem Test mit der Materie noch mal auseinanderzusetzen. *(Die haben doch alle nur Angst.)* Im Gegensatz zu ihren Mitstudenten pflegt Jasmin sich grundsätzlich so gut wie gar nicht auf eine Prüfung vorzubereiten. Sie hat wohl zu viel zu tun. *(Zu viel womit oder mit wem?)* Zwischenzeitlich zischelten schon Wetten hinter ihrem Rücken, in welchem Monat sie endlich abgegangen sein würde. Zum überraschend großen Erstaunen wurden die dann eines Besseren belehrt. *(Wie bedauerlich – falsch getippt.)* Geschickterweise, das muss man ihr auch zugestehen, hatte sie die Gabe entwickelt, dieses »überflüssige Zeugs« zu umgehen. Sie fragt einfach immer jemanden oder liest es sich eben schnell mal vorher durch. Das musste reichen und das reichte auch. So klappte das ja immer.

Hastig stöbert sie ihre ungeordnete Kritzelei auf und zündet sich eine Zigarette an. »Das beruhigt die Nerven« *(denkst du)*, als sich schon eine knochige Hand um ihre Schulter legt. »Grüß dich, Jassi«, hupt es.

(Den konnte man doch jetzt gar nicht gebrauchen.) »He Conrad, na, du alter Haudegen«, feixt sie, »geht's dir gut?« Sie windet sich aus seinem Griff. »Na, ich bin ä bissel aufgeregt«, schauspielert er. *(Immer die gleichen Verrückten vor jeder Prüfung. Dieselben Fratzen, die sich dann noch mal kräftig ins Hemd schwitzen.)* »Hast du denn nicht gelernt, Con?«, der Vampir hat Blut geleckt. »Hm … «, gluckst ein Häufchen Elend zu ihren Füßen, » … ich hab's total verschwitzt.« *(Wie kann man denn so wenig Grips haben, das zu verplanen – die wird ja nicht seit vorgestern erst angekündigt.)* »Sehe ich etwa aus wie ein Daten-Highway?«, sie löscht zielbewusst den Glimmstummel mit ihrem rechten Fuß aus. *(Man kann sich auch echt wegen jeder Kleinigkeit verrückt machen. Ich meine: War man schuld oder war man schuld???)* Sie äußert sich besser so: »Du hast mit Sicherheit mehr gelernt als ich. Ich hatte Ärger mit meinem Freund und absolut keinen Pfiff Zeit.« Zum »Ich wusste gar nicht, dass du 'nen Freund hast« hämmert ein »Na, jetzt hab ich wohl keinen mehr«. *(Gut erkannt, du Blitzdenker.)* »Irgendwie kommst du mir heut' etwas verändert vor«, spielt Conrad mitfühlende Sorge vor. »Du wirst doch keinen Kummer haben?« Musste er auch gleich immer so übertreiben? »Kommst du heute Abend auch zur Party, Conrad?«, überspielt sie seine letzte Frage. »Geht eine Party etwa ohne mich?«, zwei Daumen deuten auf ihn. *(Was für ein Prahlhansel.)* »Wenn du zu vielen Partys gleichzeitig gehst, kann es passieren, dass eine mit dir noch Schluss macht; und das wollen wir doch beide wohl kaum – du könntest die Falsche verpassen«, feixt Jasmin. *(Du könntest etwas Falsches verpassen.)* Eine ausdruckslose Grimasse, mit Fragezeichen übersät. »Ich denke, Conrad, ich will mir den Stoff doch noch ein bisschen durchlesen. Es bleiben mir keine fünf Minuten mehr übrig«, verrät sie ihm besorgt. »Also – Daumendruck und durch«, präsentiert sie stolz ihr strahlendstes Lächeln und zündet sich gleich die nächste Zigarette an. Die Gesundheit würde ihr den Mangel an Zeit noch danken. Er dagegen fand diese Begegnung aus irgendeinem Grund ganz und gar nicht komisch – womöglich sogar beängstigend. Dennoch bemüht

er sich verkrampft, gute Miene zum schlechten Spiel herbeizuzaubern. *(Zuckersüß.)*
Das Colloquium besteht aus einem Vortrag. »Solange man nur etwas sagt, hat man den ersten Teil im Sack«, findet sie. Das ist dann Quantität. Abschließend muss man weiter mit einem ordentlichen Durchsetzungsvermögen seinen Vortrag verteidigen. Auch hier ist weniger die Qualität der Aussage entscheidend – selbstverständlich sollte man noch ein bisschen beim Thema bleiben. Ein kurzer Kontrollblick, um die Lage abzuchecken. Drei Professoren in einem viel zu groß abgesteckten Raum. Gleichmäßig ernüchtert wohlgeordnete Realität, mikrokosmisch gepresst. *(Dann schrei doch mal zu ihnen rüber.)* Sadistisch wird der viel zu große Abstand von ihr bemessen. Prof. Wetzler kennt sie schon. Einer, dem es wirklich jedes Mal aufs Neue Spaß macht, ihr zu erklären, sie sei zu spät. Der daneben korrigiert nur immer ihre Übungen. *(Um den brauchst du dir keine Sorgen zu machen. Den interessiert das Thema nicht mal die Bohne.)* Dem dritten Antagonisten begegnet sie mit Vorsicht. Den kennt sie nämlich noch nicht und das mag gefährlich sein. Der Erste beginnt, sarkastisch zu sticheln. » … ach, die Madame Deckert! Und heute wohl nicht zu spät?«, leitete er ein, wie erwartet, die farblose Wand dunkelrosa zu färben. *(Ist das etwa dein Problem?)* »Nein.« – Anstandspause – »Wenn Sie nichts dagegen haben, beginne ich gleich mit meinem Vortrag«, lenkt sie das Gespräch heimlich in die erwünschte Bahn. Gespielte Wichtigkeit bedient sich immer noch der eindrucksvollsten Handlungsweise. Der entstandene Abdruck: eine sichtlich überraschte Dominoreihe von drei weit aufgerissenen Augenpaaren. Die Raufasertapete erkaltete jetzt deutlich frostblau. Hatten sie doch eine detaillierte Auskunft über die Privatangelegenheiten ihres Prüflings erwartet. Unerfüllte Erwartung schürt jedoch unstillbares Verlangen – der Vortrag versprach interessant zu werden. Da plappert Jasmin auch schon munter drauflos; wohl wissend, ihr Publikum frei von jeglicher eventuellen Störung bezirzen zu dürfen. *(Sprich langsamer! Langsamer!)* Jasmin ist sehr um wohlge-

fälligen Auftritt bedacht. Sie versteht es mittlerweile spielend, Personen Zahlen zuzuweisen. *(Eine 3 und eine 9. Vorsicht, Jasmin, der Rechte da ist eine 6. Du solltest unbedingt mehr Fachbegriffe in den Raum schmeißen.)* Sie spricht wirklich phänomenal. Rot und schwarz rauchen die Köpfe der Professoren; ihre Aura dagegen explodiert wie eine Handgranate, goldstrahlend. Licht zieht Motten magisch an: Das gewitzte Lichtprisma spiegelt in diesem Moment gerade ungewollt alle Farben in das kleine Zimmer hinein und bündelt sie zu einer einheitlichen Frequenz – ein schneidender Laser; und dabei ist das Thema, das sie darlegt, passenderweise »Angst«. Es dämmert ihr schon schleierhaft, hatte sie sich nicht am Anfang vom Semester sogar freiwillig dazu gemeldet? De facto war es aber auch das Einzige, was sie von der ganzen Auswahl als »annähernd interessant« befand. Wer zuerst kommt, mahlt zuerst. Nur schade, dass sie nicht mehr daraus gemacht hatte, es war ein schönes Thema. Jetzt steht sie unvorbereitet im Raum, ohne wirklich viel darüber zu wissen, und plätschert wie ein Wasserfall drauflos. Keiner hätte geglaubt, dass sie sich gar nicht vorbereitet hatte, so gut sprach sie. Und keiner glaubt es wirklich: Jasmin bekommt eine Drei minusnach dem Beschluss der Geschworenen und damit ist sie auch sehr zufrieden. Für das Abschlussexamen letztendlich absolut irrelevant.
Spät am Nachmittag geht sie shoppen. Die mickrige Waisenrente will gut eingeteilt sein; da ist nicht viel Geld, was am Ende zur freien Verfügung steht. Denn sie hat sich bereits ausgerechnet, dass ein Nebenjob weniger Geld einbringt als die Rente, obwohl sie dafür keinen Finger zu krümmen braucht. *(Ist das nicht ärgerlich?)* Ein Krösus ist sie wahrlich nicht. Es würde wenig Sinn ergeben zu arbeiten, müsste man sich für eines von beidem entscheiden. Ein guter Grund zu studieren und ein noch besserer, um durch die Stadt zu streunen. Einkaufen gehen liebt Jasmin sehr. Man sieht so viele süße Produkte in einem kleinen Regal. Das erinnert jetzt aber wirklich an Weihnachten. Blitzend sticht ihr der Schmuck ins Auge. Vor einem Juweliergeschäft bleibt sie unvermutet stehen. Hell kräuselt sich ein Glitzerfirmament zahlloser Ketten

und Ringe. Silberne Armreife und funkelnde Amulette, in den schillerndsten Farben bewusst so gesetzt. Der mit der Schlange und dem schwarzen Nippel fällt Jasmin natürlich sofort auf. »Der ist bestimmt teuer«, seufzt sie. Neben ihr sitzt ein Krüppel ohne Beine. Hat sich sogar ein Schild geschrieben. Jasmin betritt den Laden, ohne mit der Wimper zu zucken. Der Verkäufer ist ein großer, hagerer Mann, er steht geschniegelt hinter seiner Theke. Spärliches Haar, eine goldene Nickelbrille und eine Nase, die jeden Adler wohl vor Neid erblassen ließe. »Wie kann ich Ihnen helfen?«, presst er spitz zwischen seinen Zähnen heraus. *(Du willst mir wirklich helfen?)* »Ich habe gerade in Ihrem Schaufenster einen Ring gesehen. Den würde ich mir gerne genauer ansehen.« Stillschweigend macht sich der Verkäufer träge auf den Weg, keine Miene verziehend. *(Der weiß doch noch nicht mal, welchen Ring.)* »Ich komm mal rüber, dann kann ich Ihnen den ja mal zeigen«, beeilt sie sich zuvorkommend, ihn am Ringpult zu unterstützen.
Zwei Augenbrauen spannen sich in die Höhe. Sie deutet mit dem Finger: »Den habe ich mir ausgesucht – der mit dem schwarzen Stein«, um ihm die Stelle noch genauer zu beschreiben. Unser bereiter Helfer lässt plötzlich ängstlich eine Augenbraue hinabgleiten. Skeptisch. *(Als ob wir ihn wirklich bestehlen wollten.)* Er schickt sich an, den Ring als Erster zu erreichen, nur um ihn ihr dann behutsam zurückzureichen. »Sie können das gute Stück gern begutachten«, säuselt er. Jasmin hält das Juwel ins neonfarbige Licht. »Selbst da sieht er sich schön an«, denkt sie, »nur ein wenig nackig, so ganz ohne farbige Reflexion.« *(Glaubst du alles, was du da so denkst?)* »Was ist das für ein Stein?« Gleich bekommt sie die Antwort »Ein Onyx«, wie auf den Tisch serviert. Den Stein kennt Jasmin noch gar nicht. *(Womöglich auch ein Obsidian; womöglich hat der gute Mann eben nur keine Ahnung.)* »Wie teuer ist der denn?«, fragt sie. Eine dicke Schnute formt einen breiten Schmollmund. Schmatzend setzt der Verkäufer die entsprechende Gestik an: »Also das ist wirklich ein sehr gutes Stück in unserer Sammlung. Wenn Sie wollen, können Sie sich das im Spiegel noch mal anschauen.« *(Ich hatte nach dem Preis*

gefragt! Einen Spiegel für einen Ring???) »Also, Sie meinten, wie teuer … ?«, ringt sich der Verkäufer durch. »Ein Schnäppchen. Beachten Sie nur die solide Qualität. Der könnte Ihnen auf den Boden fallen und jemand könnte sogar drauftreten und er hätte keinen Kratzer!«, begeistert er sich. *(Dass man aber auch grundsätzlich nie die Information bekommt, die man haben will.)* »Das heißt, wie teuer wäre der Ring jetzt genau?«, startet sie einen letzten Versuch. »Nur 130 Euro und 76 Cent«, lässt das Gebiss von Jasmin nach unten klappen. *(Eine blutige Abzocke – was für ein Preis???)* »So viel Geld habe ich leider im Augenblick nicht dabei«, gibt sie vor, ihren Geldbeutel zu durchsuchen. Wo nichts ist, da ist nichts. »Ich werde mal schnell zur Bank flitzen«, schickt sie sich an, den Laden flink zu verlassen. Das Gespräch und die daraus entnommene Information selbst hatten einen unschätzbar effizienteren Nutzen für sie. Denn sie täuschte gerne vor, sich für Produkte zu interessieren, nur um dem Menschen davor zu begegnen. Ein niedergeschlagener Blick und ein braunes Marlboro-Pferd eskortieren sie zu ihrem Auto.

Wenige Meter entfernt war der Parkplatz. Ein blondes Kind bleibt neben ihr stehen. Angstgebannt.

(Warum guckt der denn nur so komisch?) Sie beeilt sich, um ihr Auto zu erreichen. Fast hätte sie den kleinen Hund nicht bemerkt, der sie wie ein Löwe von der Seite anzuspringen droht. Jasmins Gedanke: »Kleine Hunde bellen aber besonders laut.« Sie eilt schnell weiter, um nun das planierte Grün zu betreten. Taubendreck und festgetretene Kippenstummel dekorieren bunt den Boden. Steht da nicht schon eine Politesse beim BMW da drüben? *(Wie fies das ist.)* »Ist doch gar keine Frau – wie nennt man die eigentlich dann? Politessenmann?« Jasmin glaubt wirklich, sie sei noch nicht angeschwärzt worden. Um ihr Auto vor dem Beamten zu schützen, sprintet sie wie ein Reh zu ihren vier Rädern. Zu spät, da klebt schon der Zettel an der Mattscheibe. *(Fies!)* Dabei hat Jasmin doch Geld eingeworfen. Und zwar 50 Cent, nämlich das Maximale einer 30-Minuten-Frist. Sie dreht sich um: eine Betonwüste, mehr Parkplätze als Autos. Zwei davon, ein BMW und ein

Käfer, parken auf einem absolut lichten Platz und beide bekommen einen Strafzettel. Sie linst blauäugig auf das Blatt. »Aufgeschrieben um 11:52 Uhr«, murmelt sie, »von einem Herrn Lorenz.« »Moment mal«, sie bricht die Tür gewaltsam auf, um das mit ihrem Parkschein zu vergleichen. »11:51 Uhr – wie gemein das ist; jetzt passen die auch schon die Uhrzeiten ab.«

Sie schüttelt nur noch den Kopf. *(Der blanke Neid. Wenn da wohl keiner heimlich abgewartet hatte.)* Beim Vorbeifahren schneiden missgünstige Blicke in die heruntergekurbelte Scheibe. Sie hört es: Der BMW stand nicht ordnungsgemäß auf der weißen Linie. Es hätte ja jemand auf einem leeren Parkplatz zufällig genau neben ihm landen können. Um diesem Risiko vorzubeugen, zahlt er jetzt auch Bußgeld, so wie Jasmin. Sich ihr Lachen kaum verkneifend, gibt sie Gas.

Zeit fürs Abendessen. »Ist da nicht zufällig auch ein McDonald's?« Sie fährt rechts ab zum Aussteigen. Sie hat Hunger. Schon an der Tür die breiige Masse verschiedenster Individuen. Kinder, Mädchen, Jungs, Erwachsene, Alte. Die stehen alle wirklich bis zum Eingang an, nur um Essen zu bekommen? *(Wie die Maden im Speck.)* Ist ja nicht so, als würde es das hier umsonst geben. Im Gegenteil, das ist nicht gerade billig. Lustig, die erste Kasse hat wie immer die längste Schlange. Jasmin mustert das Geschehen kurz und schaltet schnell. Sie dreht sich auf dem Absatz um und steigt in ihr Auto. Fährt man durch den McDrive nur wenige Meter als einziges Auto, bekommt man sogar eine ganze Kasse mit eigener Bedienung zugewiesen, nur für sich allein. *(Na, das war doch klasse!)* Ihr hellbraunes Päckchen mit dem goldenen Buchstaben knistert lustig und das Wechselgeld klimpert froh. Wahrscheinlich sind die meisten Menschen nur drinnen gestanden, weil so viele Menschen bereits darin standen. Es ergibt schon viel Sinn, etwas nur zu tun, da man es bereits so sieht. Die meisten Leute, die im McDonald's essen, haben nämlich ein Auto und entscheiden sich eben nur lieber fürs Warten. Hastig umschlingt sie mit einer Hand den Hamburger,

um mit der andern linkshändig ihr Gehöft sicher durch den blinden Großstadtdschungel zu rangieren.
Das Feuer zischelt warm. Rot-blau knacken die Fackeln um den Teich und ruhig plätschert das einmalige Wasserspiel der Engelspute am Teich. Fetzig-laute Musik und mehr Menschen, als das Auge fasst. Eine warme Atmosphäre schafft der viel zu gierige Zug am schon schwarzen Filter. Funken sprühen magisch gegen den Wind und lösen den Zauber unverstanden ins Nichts. *(Als wäre es ihre letzte Zigarette.)* Hoffentlich verbrennt sich der Fackeljongleur nicht aus Versehen seine Finger. Dreieckige Fähnchen reihen sich auf der Wäscheleine – gelbe und rote. Ein zerfallener Stuhl, eine zerbrochene Flasche, das umgekippte Glas – wer kennt das nicht? Die grelle Discokugel brennt rhythmisch bunte Punkte auf die Tanzfläche. »Hast du auch Spaß, Jasmin? Ich erkenn' dich ja kaum wieder«, wird sie schon wieder schroff von der Seite belästigt. »Klar, Peter. Danke der Nachfrage«, spitzelt sie ihm zu. »Also … «, lässt er nicht locker, »ich hätte da noch so eine Idee.« »Jaaaaa?« »Wir könnten doch da drüben etwas zusammen trinken?«, fragt er heiligenscheinwürdig. *(Mach jetzt bloß keinen Scheiß.)* »Wir könnten genauso gut hier wie drüben etwas trinken, Peterchen. Es zeigt mir nur, wie wenig ich daran interessiert bin, mit dir etwas zu trinken.« Sie schnaubt ihm arrogant ihre Haare ins Gesicht. He, da ist doch Kathrin, ihre kleine rothaarige Freundin. Jasmin und Kathrin sind schon seit der Schulzeit die besten Freundinnen. Die Universität hatte diese gute Freundschaft wohl auf ewig sicher verschweißt. »Hiiii Jasmin!«, kreischt ein knallgreller Gummiball. »He du, Kleines«, umarmen sich sehnsüchtig zwei Körper. »Bist ja doch gekommen; bei dir bin ich mir ja nie so sicher.« »Klar komm ich, wenn doch meine beste Freundin auch da ist.« *(Dann werd' mal bloß nicht rot, Jasmin.)* Wange drückt sich an Wange. »Wie geht's dir?« *(Wohl doch bitte nur der Vorwand, jetzt ein Gespräch zu starten.)* »Gut, gut … bestens«, lügt sie schon wieder. »Guck mal«, zwirnt Kathrin ihre Handtasche auf, »ich bin in der Uni-Zeitung.« Stolz präsentiert sie ihre freiwillige Arbeit.

(Ein nimmersattes Regenbogenküken.) »Ui! Das ist ja stark, lass mich mal sehen«, heuchelt sie Interesse am Foto. Nach ernstem Beäugen gibt sie es zurück. »Ich bin ja so stolz auf dich, Kleines.« *(Tssss!)* »Danke«, man gibt sich auf ein Neues 'nen Schmatz zum viel zu schnellen Abschied. *(Das war uns beiden ja schon vorher klar.)*

Bleiern drückt das Gewicht ihrer Augen an die Innenseite. *(Fühlst du das denn überhaupt?)* So müde Jasmin auch ist, es fällt ihr nach so vielen Jahren immer noch schwer, schnell einzuschlafen. Nackte Haut klatscht im Sekundentakt auf grüne Fliesen. Zeitkristalle splittern glasig auf den marmorierten Grund des Gullys. Der Wasserhahn tropft starr wie ein Metronom, penetrant und vehement, und das sogar durch die geschlossene Tür hindurch. »So was ist aber auch wirklich störend«, erkennt sich das monotone Mantra gegen Jasmins Mudra. *(Vermutlich empfindest du es ja nur als störend.)* Im Schweiß desselben Cocktaileffektes klebend, ringt Jasmin um den Schlaf. »Das wird sich aber auch wirklich nie ändern«, stöhnt die Bettdecke schon auf und kleine Füße tapsen in den dunklen Gang hinein. Auch wenn die Wohnung stockfinster ist, hat Jasmin kein Problem, den Wasserhahn ohne Unfälle zu erreichen. Sie orientiert sich nach ihrem Gedächtnis – das hat sie im Gefühl, sagt sie. *(Warum orientierst du dich dann zur Abwechslung nicht mal nach deinem Gefühl?)* Begierig schlürft sie das kühle Nass. »Wie erfrischend!«, und quetscht stumm das ersehnte Ventil. »Vielleicht kann ich ja jetzt endlich schlafen.« Winzige Zehen tappen zurück ins Bett. *(Vielleicht möchtest du ja auch einfach nicht schlafen?)*

Kapitel 6

C: »Guten Morgen.«
C: »Moin, moin.«
C: »Ist das hier der Klub der toten Dichter??? :) Keiner daha?«
(Was für ein verkappter Komiker, wo ist der denn nur ausgebrochen?)
A: »Klar ist jemand hier. ;)« *(Wie überflüssig!)*
C: »Das hat aber ganz schön auf sich warten lassen.«
(War das jetzt etwa der minderwertige Versuch einer Art Angriff???)
A: »Na ja. Was lange braucht, währt ewig gut« *(Will der mir doch echt ans Bein pinkeln!)*
C: »:)«
C: »Du bist wirklich witziger geworden, seit ich dich das letzte Mal gesehen habe.«
A: »?« *(Was ist denn jetzt los???)*
A: »Wer bist denn du? Kennen wir uns etwa?«
C: »Ich heiße Cornelius. Ich habe dich nur einmal vor einiger Zeit hier im Chat gelesen.«
(Was für 'ne billige Lüge, einen Aufhänger zu finden. Ein selten dämlicher Name, das nur nebenbei.)
A: »Ein schöner Name. Cornelius.«
C: »Bist du der Ariel, den ich kenne?«
(He Freundchen! Wir kennen uns echt nicht. Ich will dich auch nicht kennenlernen.)
A: »Also ich kenne keinen Cornelius. Ich kenn dich nicht.«
C: »Wahrscheinlich verwechsle ich dich auch mit jemand anderem.«
(Und wie geschwollen der sich ausdrückt, so redet doch kein Mensch.)
A: »Schön, dich kennenzulernen. ;)« *(Hust, hust … Räusper.)*
C: »So, dann sag doch mal, Ariel, hast du irgendwelche Hobbys?«
(Ein Wichtigtuer.)
A: »Hm. Ja, viele.«
(Der ist aber neugierig!)
C: »Welche?«

A: »Ich gehe gern abends lange weg. Rede viel mit Leuten. Höre Musik und habe sehr viel Spaß.«
A: »Ab und zu gehe ich auch mal gern shoppen.«
C: »Gehst du auch manchmal in der Natur spazieren oder liest du Bücher?«
(Und wie neugierig der ist – und das nicht wenig. Komm, Jasmin, lass uns Schluss machen!)
A: »Das hab ich früher oft gemacht. Da hatte ich auch viel mehr Zeit. ;(« *(Fang mal nicht schon wieder gleich das Weinen an!)*
C: »Also ich finde, du kannst dir ruhig ein bisschen Zeit dafür nehmen. Das ist nur meine bescheidene Meinung.«
C: »Was arbeitest du denn, wenn dir so wenig Zeit bleibt?«
A: »Ich arbeite nicht. Ich studiere!«
(Aha – so nennt man das also neuerdings.)
C: »So … sieh an, sieh an.«
(Sieh an???)
A: »Weißt du, Cornelius. Die haben dort sehr seltsame Bezahlungsmethoden.«
A: »Ich bekomme eine Waisenrente, weil mein Vater sehr früh gestorben ist.«
C: »Mein Beileid – du Ärmste.«
(Du kleiner Heuchler, du.)
A: »Auf jeden Fall haben die gesagt, ich bekomme kein BAföG, weil ich ja schon eine Rente beziehe.«
C: »Ja?«
A: »Und mit einer Arbeit verdiene ich viel weniger Geld, da ich keine abgeschlossene Ausbildung habe.«
C: »Ja? Oh!«
(Mann, der kriegt aber echt nicht eins und eins zusammen.)
A: »Das bedeutet, ich hab nicht genug Kohle zum Leben, aber zu viel zum Sterben. ;)«

A: »Hab ich ’ne Arbeit, krieg ich keine Waisenrente und verdiene zu wenig Geld. Hab ich BAföG, bekomme ich noch weniger Geld, da ich keine Rente habe.«
(Ein wahrer Teufelskreis.)
A: »Und habe ich die Waisenrente, dann habe ich auch nicht wirklich Geld und kann nicht arbeiten.«
C: »Du studierst also. Hm. Und doch lebst du von einer Rente.« *überlegt gerade*
(Was stimmt denn mit dem nicht? Er hat doch hoffentlich kein Problem damit jetzt?)
A: »Ja – korrekt. Ich denke, es ist in Ordnung, ich hab da kein schlechtes Gewissen jetzt.«
C: »Sicher ist das in Ordnung, Ariel. :) Alles ist in Ordnung.«
C: »Im Grunde ist alles okay so, wie es ist – sonst wäre es nicht so, wie es ist.«
(Wie lustig – er dreht seine eigenen Worte herum.)
A: »Hm … was für ein Blödsinn.«
A: »Ich bin ganz sicher nicht zufrieden mit den Dingen, wie sie im Moment sind.«
A: » … «
A: »Hm … ich möchte aber mehr … «
(Was mehr?)
A: » … als das, wie etwas ›nur‹ ist.«
(Was, bitte?)
C: »Warum willst du das?«
A: »Es schafft eben mehr Handlungsmöglichkeiten. Du hast einen größeren Spielraum zur freien Verfügung.«
(Sage doch einfach, was DU nun WILLST!)
C: »Dann triff doch bitte die richtige Entscheidung, Ariel.«
(Klar, sie hat sich schon lange entschieden – du Schlafmütze.)
A: »Was für eine Entscheidung?«

C: »Na ja, wie du dein weiteres Leben jetzt ausrichtest, planst und gestaltest. Du weißt doch genauso gut wie ich, dass es so nicht weitergehen kann.«

(Bist du da sicher?)

A: »Hm«

A: »Nein. Willst du das denn nicht verstehen?« *kopfschüttelt*

A: »Ich habe fast das Gefühl, dass bei allem, was ich tue, jemand da ist, der es mir wieder versaut.«

(Tja, so viele bleiben da ja nicht, Jasmin.)

A: »Wenn ich von A nach B will, kommt Herr C und haut mir eine vor den Latz – das ist echt nicht fair.«

A: »Wenn es da einen höheren Plan gibt, dann leihe mir mal bitte einen Edding – der hat großen Mist bei mir gebaut.«

(Hahaha – den Mist hast nur du gebaut, wenn einer überhaupt.)

C: »Wenn es dir nicht gefällt, du kannst es gerne ändern … «

A: »Ach … verstehe. Also bekomme ich genau das, was ich wünsche bzw. zu sein wünsche?«

C: »Richtig – es ist original ein höherer Plan, auch wenn's manchmal nicht so aussieht – glaub mir.«

(Alles korrekt.)

A: »Hm … «

A: »Ich kann nicht dagegen handeln?«

(Ach, sieh mal einer an!)

A: »Ich hab es ja nicht vor … nur so rein aus Versehen. ;)«

(Jaja.)

A: »Weil ich eben … bin, was ich bin … ?«

(Na, wer bist du denn jetzt nur?)

C: »Doch … NUR DU kannst dagegen handeln, wenn du willst.«

C: »Aber das macht auch nichts.«

(Und sie will das einfach nicht verstehen – hach, ist das lustig!)

A: »Das weiß ich eben nicht … ob ich es jetzt tue oder nicht.«

A: »Wie stellt man das am dümmsten fest?«

C: »Weil ein höherer Plan kein höherer Plan wäre, wenn er das nicht vorsähe.«
C: »Mach einfach, wenn du dich danach fühlst.«
A: »Ja – bist du dir da sicher?«
(Gut, gut – seeehr gut.)
C: »Sicher.«
A: »Es ist, mit der Entscheidung verbunden zu sein. Fühle ich mich besser so oder so?«
(Das ist wohl die Frage – besser könnte es gar nicht laufen für uns.)
C: »Probier's aus!«
A: »Ich kann die Konsequenzen nicht abschätzen.«
A: »Und ganz sicher fällt man da nur wieder auf die Schnauze.«
C: »Wen?«
(Was bitte?)
C: *flucht mal kräftig* »Wen? Wen willst du denn fragen von den 8 Mrd. Menschen?«
A: » … was ja nicht sein muss … hm. Warum fange ich nicht einfach mit dir an? ;)«
(Jetzt wird es bestimmt gleich lustig.)
C: »Ja … mach mal … fang bei mir an … okay.«
A: »HALLO, HALLO?«
A: »Was meinen Sie, wie ICH werden soll??? Ich starte gerade eine Umfrage.« *lacht*
C: »:)«
A: »Es sollte nicht passieren. Verstehst du das??? Das beschäftigt mich sehr.«
C: »Wenn du entscheidest, dass es nicht passiert, dann passiert es auch nicht … ganz einfach.«
(Für DEN ist ja echt alles ganz einfach – dabei ist hier gerade etwas ganz offensichtlich im Gange, was NICHT passieren sollte!)
C: »Hm … es gibt da ein Geheimnis … das lautet … du bist … also wenn du es sagst, dann heißt es ›Ich bin‹.«

C: »Mehr ist nicht notwendig.«
(Ein richtiger Wortartist – wie aus dem Zirkus entlaufen.)
A: »Hm … nein! Wenn ich mich gegen mich entscheide, ohne zu wissen, dass ich das tue, dann passiert etwas, was ich nicht wünsche, aber wird … «
A: »Das bedeutet, wir befolgen Gesetze dadurch, dass wir sie manchmal nicht verstehen.«
(Nein! So nicht!)
C: »Ja und nein … «
A: »Nein?«
C: »Beides.«
(Beides. Das klingt doch interessant.)
C: »Du kannst dich nicht gegen dich selbst entscheiden … wie willst du das denn machen?«
A: »Man kann z. B. nicht so funktionieren, wie es im Sinne eines höheren Plans gedacht war.«
C: »Doch – du tust nichts anderes.«
A: »Man kann sich weigern, seiner Aufgabe zu entsprechen … man kann sich selbst unglücklich machen.«
A: »Auf jeden Fall – das kriegt man hin, wenn man will.« *kopfnickt*
(Mal auf die Schulter geklopft – gut, Jasmin.)
C: »Sicher.«
C: »Wenn dir das Spaß macht, dann musst du genau das tun.«
(Dieser großmäulige Sprücheklopfer – putz ihn endlich weg, Jasmin!)
C: »Ja … weil du dir selbst diesen Plan schreibst … genau.«
A: »Es geht um Spaß?«
C: »Du bist dieser Plan selbst … auch, ja.«
A: »Es geht um Spaß?«
(Tataaa … du Glühbirne … fizzel, fizzel – wenigstens ETWAS erkannt, Jasmin.)
A: »So habe ich das noch nie gesehen.«

C: »Versuche mal zu fühlen, was dir die Worte ›Ich bin‹ sagen, wenn du sie in einem ruhigen Moment leise vor dich hin flüsterst.«
A: »Mit anderen Worten, nicht notwendig, sich zu entwickeln … ich hab darüber mal sehr, sehr lange sinniert.«
(Und immer noch so schlau wie zuvor.)
C: »Nein … es ist nicht notwendig, sich zu entwickeln, du bist perfekt.«
A: »Es geht nicht darum, was ich bin … sondern wie ich funktioniere.«
A: »Ich weiß, was ich bin.«
(Der Witz war klasse, Jasmin!)
C: »Gut.«
C: »Du funktionierst … hab keine Sorge.«
(Der Witz war fast noch besser!)
A: »Hm … danke … «
A: »Ist es schlecht … ?«
C: »Und du funktionierst supergut … «*lacht*
(Was lacht der uns denn jetzt grundlos aus?)
A: »Ist es schlecht zu fordern?«
(Ach Jasmin. Du drehst dich im Kreis!)
C: »Nee … warum?«
C: »Ein Baum fordert auch nicht … er zieht einfach die Nährstoffe aus dem Boden … «
A: »Hm … man kann eben bezüglich seiner Funktion das Nicht-Richtige fordern; wenn du jetzt verstehst, was ich meine.«
C: »Ja … «
A: »Wir können fordern … oder wir können um Hilfe bitten.«
C: »Man kann das tun, in der Tat … «
A: »Ja … wie weiß man, ob das okay ist?«
C: »Sicher – man kann.«
C: »Es ist … also ist es okay.«
C: »Wenn es nicht okay wäre, dann wäre es nicht so.«
C: »Es gibt nix zu tun oder zu lassen … einfaches ›Sein‹ genügt.«
(… oder eben »Nicht-Sein« – das ist hier die Frage.)

C: »Diese Fragen stellen sich dir irgendwann nicht mehr, weil … «
C: » … du nichts tun würdest, was dir oder anderen schadet.«
(Das werden wir ja noch sehen, Herr Cornelius.)
A: »Das weißt du doch nicht … «
C: »Doch.«
C: »Du kennst mich doch gar nicht; ;) ich habe es erfahren … «
C: »Ich kenne dich.«
(Jasmin!)
A: »Ach ja? … Hä?«
(Vorsicht, Jasmin, da stimmt etwas nicht.)
C: »Du bist Ariel!«
(NEIN – DU BIST JASMIN!)
C: »:)«
A: »lol«
A: »Jajaja.«
C: »Ich mein's ernst.«
C: »Ich muss nicht mehr über dich wissen.«
A: »Das war Zufall, dass ich mich heute so genannt habe … «
A: »War mehr so eine Folge von Umständen.«
A: »Mittlerweile hab ich einen neuen Nick.«
(Und das ist bei Weitem nicht die einzige Neuerung.)
C: »Nein … es war deine Entscheidung … mit allen Konsequenzen … kein Zufall.«
C: »Du bist … was immer du diesen beiden Worten folgen lässt … «
A: »Hm … «
(Jetzt lass dich mal nicht einlullen.)
C: »:)«
C: »Hab keine Angst. :)«
A: »Aber auch Scheitern ist mit inbegriffen … «
C: »Nein … Du machst das goldrichtig … vertrau darauf.«
A: » … und das möchte ich nicht.«
A: »Danke für dein Vertrauen zumindest. ;)«

(HE, HALLO – und was ist mit mir, Jasmin???)
C: »Wenn du scheitern willst, dann wirst du sehr gut werden im Scheitern … so einfach ist das.«
A: »lol … interessant … das hilft jetzt keinen Meter weiter.«
(Du redest mit den falschen Leuten, Jasmin – komm, rede bitte wieder mit mir.)
A: »Ich beschließe … «
C: »Du wählst selbst, was zu tun ist.«
A: »Der König des Scheiterns zu sein. ;)«
C: »Okay … es sei so.«
(Verrat mir mal bitte, was du da machst?)
A: »Nein, natürlich nicht.«
C: »Dann sei es nicht so … «
A: »Ist doch zu blöd, wer würde das beschließen, wenn er nur ein Quäntchen Verstand hat???«
(Ich kenn da jemanden, der macht das gerade; und das auch noch mit viel Erfolg.)
A: »Das ist doch Irrsinn und dennoch scheitern so viele.«
C: »Nicht unbedingt … es ist der freie Wille. Du darfst tun und lassen, was du willst.«
A: »Aber du hast recht … was war mit König Midas? Der bekam genau das.«
(Jetzt tu mal nicht so, als ob DU den jetzt gekannt hättest, Jasmin.)
C: »Persönliches Pech … er war durchaus vernunftbegabt … er hätte das voraussehen können.«
A: »Ja … das ist das Problem … die Konsequenz … das meine ich.«
C: »Du bestimmst selbst die Konsequenz.«
(Nein, du bestimmst ganz sicher NICHT die Konsequenz.)
A: »Ja … aber du bestimmst sie weiter, als du sie manchmal siehst, und das macht mir zu schaffen.«
(Nur Schwierigkeiten, die DU siehst.)

C: »Übe dich darin … weiter zu sehen … und du wirst dir nicht mehr so viel wünschen.«

(Ohne MICH, Jasmin! Ich erinnere nur einmal an den Spaß, den du dann ganz sicher vermisst!)

A: »Ich wünsche mir wenig … «

(Da bin ich jetzt mal gespannt.)

C: »Wir haben alle vor ca. 3600 Leben damit angefangen … wir sind alle blutige Anfänger.«

A: » … ich wünsche mir … «

A: »Eigentlich gar nichts … «

(WAS HAST DU GETAN, JASMIN???)

C: »Gut.«

C: »Prima.«

A: »Ich weiß nicht … nein … das Gefühl … «

C: »Gefühle sind für dich schwierig?«

A: » … aber es hat doch alles seinen Preis.«

C: »Wenn du gerne einen Preis zahlen möchtest, dann zahl...aber du brauchst nichts zu bezahlen.«

A: »Hm … nein, du kannst nicht alles haben – das geht nicht.«

C: »Es ist vielmehr so, dass du dir wünschst, zahlen zu müssen, und dann zahlst du natürlich auch … ganz klar.«

A: »Wo steht das geschrieben? Ich kann nicht alles haben?«

A: »Warum sollte ich mir so etwas wünschen … das wäre doof.«

C: »Genau.«

C: »Dann lass es doch.«

A: »Ich habe die Erfahrung gemacht … manche Dinge vertragen sich nicht mit anderen … «

C: »Richtig.«

A: »Der Unterschied des Levels ist zu hoch.«

C: »Ja – gut.«

A: »Die Frequenz schwingt zu schnell.«

C: »Exakt.«

A: »Ja … genau … das meine ich.«
C: »Dann lass das doch … «
C: »Ganz einfach.«
A: »Ja … also, es geht doch nicht alles … entweder du bleibst oder du gehst vorwärts.«
A: »Und manche Dinge muss man eben loslassen … es hat alles seinen Preis – das meinte ich.«
C: »Wo ist denn ›hier‹ und wo ist denn ›vorwärts‹?«
A: »Okay … eigene Definition.«
C: »Lass alles los … dann brauchst du auch nichts mehr zu bezahlen, weil du nichts mehr hast.«
A: »Gibt es von Grund auf schlechte Menschen?«
C: »Keine Ahnung … frag mal ’n paar. :)«
A: »Du kennst keine?«
C: »Glaub nicht, nein.«
A: »Hm.«
C: »Du?«
A: »Weiß nicht. ;)«
C: »Wenn man natürlich fest daran glaubt, dass alle Menschen schlecht sind … «
C: » … wird man sich von schlechten Menschen umgeben fühlen … früher oder später.«
A: »Hm … ich fühle mich jetzt eigentlich nicht von schlechten Menschen umgeben.«
A: »Ich bin dabei, einfach meinen Bekanntenkreis aufzulösen.«
C: »Ja … kenn ich.«
A: »Ich empfinde das aber als einen kleinen Preis, den ich zahle.«
C: »So?«
A: »Womöglich kommt mir das auch nur so vor.«
C: »Vielleicht.«
A: »Du kannst das nicht nachvollziehen?«
C: »Später kommen größere Aufgaben … sei gewiss.«

A: »Oh … das ist schön … wenigstens nicht solche Ich-Geschichten mehr.«
C: »Es ist okay so, wie es ist … ich muss nicht alles nachvollziehen. :)«
C: »Du weißt doch: *time has no meaning.* :) Nimm dir so viel Zeit, wie du brauchst.«
A: »Aber ich … ich finde, ich habe Bedeutung … «
A: » … und … «
C: »Mir ist es auch egal, ob du 17 oder 85 Jahre alt bist … «
A: »Ja … danke.«
C: »Wenn es irgendetwas in deinem Leben gibt, was Bedeutung hat, dann ist es dein Selbst … ja.«
C: »Meinst du vielleicht, Schwierigkeiten wären der Preis, der zu zahlen ist?«
C: »Dann lass dir sagen … es gibt keinen Preis … alles for free.«
A: »In der Tat kannst du nicht alles haben, was du dir wünschst.«
A: »Das liegt aber daran, dass du dir nicht alles wünschen kannst.«
A: »Nicht daran, dass du nicht alles haben kannst.«
C: »Oje. ;)«
C: »Warum? Sag dem Berg, er soll sich woanders hinlegen, und er tut's.«
A: »Warum kann ich mir nicht alles wünschen … weil sich manches ausschließt.«
C: »Nix schließt sich aus … «
A: »Doch … du kannst nicht im Himmel stehen, wenn du auf dem Boden bist, und umgekehrt.«
C: »Alles ist einfach mengenmäßig ›zu viel‹ … daran liegt's … «*lacht*
A: »;) Wer sagt das?«
C: »Sicher kannst du mit deinem Körper an mehreren Stellen gleichzeitig auftauchen, wenn du das für nötig hältst.«
A: »Sicher?«
C: »Sicher.«
C: »Warum nicht?«

A: »Jaja … klar, schlechtes Beispiel.«

A: »Du kannst nicht gleichzeitig essen und trinken. ;)«

C: »In der Tat gibt es kein Beispiel, welches diese Tatsache widerlegt.«

A: »Mit einer Hand klatschen?«

C: »Ja.«

A: »Okay … das wird albern.«

A: »Mit einem Finger schnalzen. Das geht aber nun wirklich nicht.« *hihihi*

C: »Den Ton eines umfallenden Baumes hören im Wald, wenn keiner da ist, den Ton zu hören … «

A: »Ja genau.«

C: »Es geht.«

C: »Es geht alles.«

C: »Hm … es geht sogar das Nicht-Gehen.«

C: »Aber daran muss ich noch arbeiten … «

C: »;)«

A: »Und das Rückwärtsdenken.«

C: »Solche Sachen, ja.«

A: »Hm … na ja.«

C: »Okay.«

A: »Ich verstehe … bis zu einem gewissen Punkt funktionieren Dinge nur so, wie sie es sollen.«

C: »Ich danke dir für dieses Gespräch … «

A: »Okay – alles klar.«

A: »Darf ich dir noch eine letzte Frage stellen?«

C: » … ?«

A: »Wirklich die letzte. ;)«

A: »Wird es deiner Ansicht nach schwieriger, gleich oder leichter … «

A: » … wenn man sich weiter und weiter vorwärtsbewegt?«

C: »Hm … «

C: »Wird es deiner Meinung nach höher, niedriger oder gleich … wenn man einen Weg läuft?«

C: »Du entscheidest selbst, ob du im Flachland wandern willst oder auf einen Berg … woher soll ich deinen Weg kennen?«

A: »Oh.«

A: »Okay, danke, es war wirklich ein wunderschönes Gespräch – vielen Dank.«

C: »:)«

A: »Wünsche dir noch das Beste.«

A: »Dank dir wirklich.«

C: »Ich dir auch. :-)) Hab noch eine schöne Nacht, Ariel.«

A: »Ja, dir auch einen wunderschönen guten Morgen. ;) D«

Kapitel 7

Aschgrau sind die Straßen. Fahl die düsteren Schemen auf dem hellen Zement. Lustig, diese flaumig grünen Schuhe im schwarzen Matsch. Ihre Fingernägel im schwarzen Ton. »Sind doch Moonboots«, verbessert sie sich. Ein roter Zweisitzer braust die Straße entlang. Im feurigen Sportwagen fährt eine sonnenbebrillte Blondine. Das Nummernschild »8888«, das lässige Hemd am Fenster. Ihr rosafarbener Stöckelschuh verfehlt sie nur knapp um wenige Zentimeter; genauso wie der Schlamm, den sie dreckschleuderartig um sich verspritzt. »Viva Las Vegas.« Jade hat aufgehört, nach einem »Warum« zu fragen. Es gibt ja am Ende doch keinen Zusammenhang, resigniert sie ihre missliche Lage. Veränderung besitzt unerwartete Rückwirkungen. Müde lässt sie den Kopf hängen. »Fußspuren«, schmunzelt sie. »Das müssten die von einer Katze sein.« Denn Jade mochte Katzen schon immer. Einmal hatte sie auch eine Katze von der Straße mitgenommen. Diese hatte sich ein Beinchen gestaucht und im freundlichen Gegenzug besuchte die Katze Jade fast jeden Tag. »Und das sieht aus wie Kot – na lecker«, sie macht sich daran, den undefinierbaren Haufen zu übersteigen. »Aber halt, es hat ja Stacheln.« Sie identifiziert einen Igel. Kirschrot läuft sein Blut aus der Nase. »Es ist noch nicht mal getrocknet.« Blau blähen sich die Äderchen in der Bauchregion und ein unkenntliches, verdrechseltes Gesäß taucht sich eintönig in die Schneespur eines Autoreifenabdruckes. So kalkuliert sie den kürzlich stattgefundenen Todeszeitpunkt korrekt. Fast verspielt bohrt Jade eine rechtsdrehende Spirale mit der Spitze ihres Stiefels ins gefrorene Weiß daneben. Gibt wohl nichts, was man da tun kann, überlegt sie und hinterlässt weiter ihre Fußspuren im Sand. Antriebslos schlurft sie die unsauberen Treppenstufen hoch, um ihre Schuhe vom Schnee abzuklopfen. Mit zugekniffenen Augen sucht sie ihr dunkles Schlüsselloch – vergebens. Ihr schwarzes Tattoo auf dem Handrücken spiegelt jetzt silbrig zwei ineinander verkeilte Mondsicheln. Eiskristalle schienen das Schwarz zu phosphoreszieren. Ein guter Trick, auf bezaubernde Weise dieses Mal zu übermalen. Und keiner merkt etwas, erinnert sie sich schmerzhaft und findet schließlich doch Einlass.

Verschwommen sah sich Jade von außen in der vierten Person. Die Ebenen hatten sich jetzt gänzlich verschoben; ohne dass sie es bemerkt hätte. Ihre Hände zitterten wie Espenlaub. Was war geschehen? Kraftlos ließen die tauben Finger den rot-weißen Bogen ins saftige Gras hinabgleiten. Ein gutes Stück. Jade hatte den Bogen vor nicht allzu langer Zeit übers Internet bestellt. Eine schöne Waffe. Sie war noch zu benommen, um zu begreifen, was da gerade passiert war. Ihre Gedanken versuchten vergeblich, ihren kranken Vorstellungen hinterherzuhinken und sie in die falsche Realität zu pressen. Hatte sich doch ein Loch in die Streichholzschachtel gefräst und drehte das Abbild auf dünnem Pauspapier gegen ihren Willen um.

Ein Blick gähnender Leere spiegelt sich weiß vom satten Innenleben. Der Kühlschrank ist leer – wie immer. Die Lage wurde zusehends schlimmer. Auf bessere Gedanken bringt sie dieser Ort nicht wirklich. Ranzige Margarine, die bis heute nicht entsorgt worden ist. Ein hartes Brot, genauso lecker. Den strengen Duft nimmt Jade schon gar nicht mehr wahr. »Hat sogar grüne Härchen.« Woher sollte das Essen auch geflogen kommen? Sie war seit Wochen nicht mehr einkaufen gewesen. Nicht, weil sie kein Geld hat. Jade hatte einfach einmal beschlossen zu fasten. Selbst die Kakerlake auf den Küchenfliesen, die Jade nicht sehen kann, ist das strenge Sparen schon leid. Ebenso bewegungsunfähig – schachmatt. Auch das Gehen fällt ihr sichtlich schwer. Energielos – ohne jegliche Motivation. Jade macht das auch nicht, weil sie abnehmen möchte. Sie macht das, weil ihr die anderen Routinen auf die Nerven gingen. Wohl ein gefährliches Spiel mit dem Leben – sie aß und trank schon seit sechs Tagen nichts mehr. Anfänglich überlistete sie raffiniert ihren Körper: Sie nahm massenweise Gesichtsbäder und Fußduschen, bloß um ein wenig Feuchtigkeit auf der Haut zu absorbieren. Der seidene Faden, an dem sich ihr halb zerfallener Körper die vergangenen Stunden regenerieren durfte. Jeder gewöhnliche

Mensch wäre daran gestorben oder würde unerträglich nervös, spätestens dann, wenn er die anderen essen sieht. Jade ist eben anders – sie kann das. Das liegt daran, dass sie glaubt, dass sie es kann. Die ganze Prozedur nur wegen eines weiteren Selbstbeweises. Wie lang noch? Hatten die letzten, plötzlich eingetretenen Ohnmachtsanfälle sie nicht eines Besseres belehrt? Immerhin ganz markante Zeichen, die man doch nicht einfach so ignorieren sollte.

Das Grün war jetzt blutbefleckt. Mehrere dunkle Tröpfchen waren ringsum unwillkürlich versprenkelt und tränkten die Erde schwarz. Feuchte Schweißnarben prangten auf dem Griff und begannen schon zu verschwinden. Das war ja dann wohl Jades Werk. Sie wandte sich Hilfe suchend an ihre rechte Hosentasche. Die schwere Klinge des eisigen Schlangendolches gab ihr Kraft. Ihre bleichen Finger krallten sich fest um den Hals. Ebenfalls eine schöne Waffe – diesmal mit geschwungener Schneide. Sie konnte wirklich stolz auf sich sein. Jeden Moment würde ihr Traum wirklich wahr. Warum war sie es nur nicht?

Die Windschutzscheibe ist unter dem heftigen Schneetreiben nicht zu sehen. Nur auf dem Armaturenbrett die Uhr. »12:23.« Das unterscheidet sie nicht im Geringsten von dem Rest der Karosserie. Ihre Farbe verschmilzt einheitlich mit dem Schnee. Selbstverständlich liegt das Nummernschild genauso darunter begraben. »6326.« Ihr weißer Polo ist zu einer Eissäule erstarrt. »Das gibt's nicht. Wird mein Auto mitten im Dorf, windgeschützt, eingeschneit? Ohne Schaufel bekomme ich den nicht heraus.« Sie macht auf dem Absatz kehrt, um den nächsten Bus in die Stadt zu nehmen. In sieben Minuten kommt schon der nächste, sie beeilt sich, ihre schweren Stiefel zur Haltestelle zu tragen. Ein Ferrari-rotes Raupenfahrzeug kreuzt ihren Weg. Schnell schaltet Jade, einen neuen Plan ausheckend. Sie hechtet nach vorn, überschlägt sich auch schon im Tiefschnee. Nur der Kopf ragt noch aus dem weißen Plateau. Der Krach von trommelfellplatzenden Sirenen stößt sie raketengleich zurück in den Stand. Eine schmale Luke öffnet eine rote Kabine und heraus guckt ärgerlich eine Fellmütze. Unverständliche

Worte, im rasiermesserscharfen Wind zerrieben. Jade rennt, jetzt langsam, um zu hören, was der gute Mann zu sagen weiß. »... ist wohl vollkommen übergeschnappt. Ich muss doch meine Arbeit erledigen. Außerdem hätte ich dich fast nicht gesehen – weißt du, was dann alles passiert wäre??? Ach ... das kannst du dir nicht vorstellen – du bist eh viel zu jung.« Die drohende Faust schlägt missmutig die erdbeerrote Tür zu. Der Motor tuckert basswellig wie ein Güterzug vorbei. *Ich wollte ihn doch nur fragen, ob er eine Schaufel für mich hat ...* Sie blickt zu Boden und entdeckt eine weiße Taubenfeder auf weißem Schnee als weiteres Indiz. Zu einem anderen Zeitpunkt wäre die Feder sicher von Jade blitzschnell aufgehoben worden, um, ehe man es gemerkt hätte, erneut durch die Luft hinabzusegeln. Jetzt bewirkt allein ein lautes Knirschen, sich dem heulenden Rauschen zu ergeben. Tiefe Spuren drücken sich dunkel in das blendende Weiß.

Ein seltsamer Anblick, dieser leblose Kadaver auf dem Boden. Das hellbraune Fell war nämlich überwiegend rot überdeckt. Blut schoss posaunengleich aus der Arterie klaffender Öffnungen. Die Bewegung der Luft beschloss augenblicklich, stehen zu bleiben und aufzuhören zu atmen. Atemnot – unter einem Plastikbeutel erstickt. Jade fühlte, wie sich die gesamte Umgebung drehte, bis ihr speiübel wurde. Sie fühlte sich wie in einer Achterbahn oder auf einem Schleudersitz auf hoher See. Selbst als sie die Augen schloss, war da noch das wacklige Bild. Es hatte sich jetzt in die Erinnerung eingebrannt, unfähig, einmal still zu stehen.

Ihr nackter Fuß wippt unruhig auf dem Gaspedal. Das Auto wurde dann doch noch von ihrem Nachbarn ausgegraben. Wohl auch bloß eine längere Freundschaft. »November Rain«. Eckige Felder lösen sich in monogamen Gegenständen als Doppelsprung. Flimmernde Blitze durchzucken die Luft trigonometrisch. Ab und zu flog sogar ein greller Faden und frisst Luftmoleküle neblig auf. Weiche Lamellen fließen schattig ins Blickzentrum. Das gesamte Umgebungsfeld flackert wie ein alter Flimmerkasten, der jeden Moment zu explodieren droht. Fraktale schlängeln sich um statische Moleküle. Eine stochastische Aufteilung aufgrund von Prinzipien. »Genauso ähnlich wie die Optik einer Fliege!«, denkt sich Jade, ohne jemals zu erfahren, ob das jetzt tatsächlich der Wahrheit entsprach. Das digitale Bild dunkel aus der Bewegung gerastert und schräg verzerrt. Einzelne Punkte verstricken sich mit anderen in unsauber steriler Überlappung. Licht schien jetzt heller – beißender. Deutlicher und markanter sein chirurgischer Feinschnitt. In jedem Fall ein sehr präzises Bild von Bewegung. Wie ein chemisches Putzmittel – brennend scharf. Eine Infrarotkamera in saftigem Rotstich aus der Verfolgerperspektive. Der Jäger ist erwacht. Ebenso hämmern die wuchtigen Geräusche ungefiltert gegen das Trommelfell. Sämtlicher Ton hat sich aus der Farbe verloren. Das Haus ist genauso grau wie das andere. »Echt, das haben sie sogar gelb angestrichen«, Jade nimmt es schon gar nicht mehr so wahr. Das plättchenartige Scannerbild auf Entstörung programmiert. Wann endlich? Das System ist wohl sichtlich überlastet, so schlecht, wie es funktioniert. Alle Sinne sind lethargisch taub – allein die Gedanken herrschen. Die bloße Cellophanhülse ihrer erdachten Wirklichkeit. Eine Welt, so ganz und gar nicht nach ihrem Geschmack – das hatte sie sich gewünscht? Da knallt schon der nächste Hieb auf ihre Scheibe. Wie auf Kommando splittern zwei feine Risse in der rechten oberen Ecke. »Ich hab was erwischt«, erschrickt Jade nur oberflächlich. Im Rückspiegel dann die unsanfte Landung übers Dach zur Erde. Ein Rotkehlchen. »Sind die nicht im Süden jetzt? Ich hab mich wohl getäuscht.« Jade fuhr weiter. »Die Natur hat das sicher schon mit eingeplant.«

Ein Kaninchen – das war jetzt tot. Hatte es wirklich so einen großen Reiz, diese wehrlose Kreatur zu erlegen? Schließlich gab ihr dieser Bogen doch einen entscheidend unfairen Vorteil. Oder war es nicht vielmehr der Spaß an der Jagd mit dem gravierend überlegenen Messer? Genauso gut hätte man ja auf Radieschen mit einer Hacke eindreschen können. Das konnte Jade nicht mal beantworten; denn sie konnte noch nicht einmal sagen, ob das, was sie vermutete, was passiert war, wirklich gerade stattgefunden hatte. Zwei lange, silberne Pfeile ragten gekonnt aus dem Kada-

ver. Gelbrot züngelten ihre flammenden Federn spitz im Wind; der stand jetzt still. Mehrere schwammige Löcher quollen rosigrot fein geritzt. Fest presste sie die Augen zusammen und grub ihr Kinn tief in den Hals. »Das spielt jetzt auch keine Rolle mehr.«

Kunterbunt laut geht's auf dem Rummel zu. Die erwürgenden Menschenschlangen und der beißende Geruch stiller Örtchen lassen Jade mit gesenktem Schopf schnellstmöglich weiterziehen. Zu heftig schlagen sich Informationen ungehemmt durch das Hirn auf schiefen Bahnen zu ihren eigenen; zu schmerzhaft der fremde Druck »Eigenheit«. Die Datenverarbeitung funktioniert nur noch rein mechanisch. Doch der bunte Kreis war der Gegenstand, der Eva lockte. Jade, so alt sie mittlerweile auch ist, ging nie daran vorbei, ohne stehen zu bleiben. So viele kolorierte Erinnerungen schlängeln in ihrem Hirn. Sie sollte aber jetzt unbedingt etwas trinken; wollte sie sich denn umbringen? Die Formen – nur noch undeutliche Fratzen ihrer selbst. Die Geräusche bis zur absoluten Unhörbarkeit verzerrt. Lärm – Chaos. Ihr Magen, ein umgedrehter Geräucherter – ihre Zunge ein Schwamm Sodbrennen. Die Lippen mit weißen monochromen Bläschen reich übersät und die roten Augen sauerstoffarm blutunterlaufen. Man hätte sie fast für eine Drogenabhängige halten können, so schlimm sieht sie aus. Farbig zerflossen dreht das Karussell seine Passagiere. Die lädierten Nervensynapsen versuchen verzweifelt, das schlaffe Muskelgewebe zusammenzuhalten. »Ein weißes Schiff«, ihre Augen werden schon viel trüber. Ihre weichen Knie versacken, vergebens zitternd nach Stand im Morast der Gefühlswelt suchend– der Flüssigkeitsmangel war dann doch zu heftig. »Ist das ein Polizeiauto?«, den Unterschied zu jedem anderen Rettungsfahrzeug vermag man im wild gemengten Farbenrausch nicht mehr aufzuklären. »Aber das … «, sagt sie, »ist ein schwarzer Rappen.« Sie ringt nach Luft. Ein letzter Atemzug … »Da bin ich ganz sicher.« Sie rieselt fein in den Boden, um nie wieder aufzustehen. Kein Schmerz. Kein Leid – keine Furcht – keine Angst. Keine Zeit und auch kein Raum – Jade stürzt nur in schwärzeste Tiefe.

Kapitel 8

Die karge Wüste eisern durchkämmend, residierte sie auf einem schwarzen Thron edler Jade. Eine Königin. An der Stütze der Zierleisten hingen unschätzbare Diamanten und Rubine. Ein funkelndes Diadem glättete ihr smaragdlockiges Haar. Grüne Saphire zierten den goldenen Rand und an ihren Schultern stachen graue Knochen als Flügel heraus. Der Knauf einer bleichen Muschel spitzte verspielt aus dem Knoten ihres Haares. Ihr weinroter Mantel umwallte die feuerrote Kluft passend. Das Land schrie förmlich nach Wasser. Die tiefen Falten und roten Schluchten. Überall, wohin man sah, nur die vulkanartigen Luftspiegelungen auf den sandigen Dünen. Die Herrscherin über ein totes Reich – das Land ihrer Träume. Feine Siliziumkörnchen rieselten abwärts. Zahllose Amethystfarben lederuniformierter Offiziere zentrierten sich igelartig darum. Scharfschützen hinter der bemannten Armbrust. Die Schildinfanterie, das Pferderegiment. Trommler und Fahnenschwinger schlugen im Takt auf Schweinehaut. Die Zähne der schwarzen Wölfe knurrten raubtierartig. Rinderbeutel mit gefülltem Met machten die Runde. Ein Gespann zombifizierter Pferde eierte an die Front. Rosig hingen Fetzen von Fleisch am Spieß. Rostig knarzte der Mechanismus spinnfädenartiger Seile, Holz straffend. Die monströsen Katapulte durfte man natürlich auch nicht vergessen. Wie oft das noch gut ging? Ein rotschwarzer Feuerball erwartete seinen Rauswurf aus dem Nest, jeden Moment. Wollte er doch weit fliegen, um nicht unverrichteter Dinge auf Erden einzuschlagen. Elfenbeinerne Ochsenhörner als Radschutz vermittelten einen Furchteinflößenden Eindruck. Pferdeköpfe, nur zur Dekoration auf Stäbe gespießt. Ein Bild, als »würde« man vor nichts zurückschrecken. Ein Anblick des Grauens, ein Pandämonium. Zu ihrer Rechten hielt sie ihren Zauberstab. Eine zusammengeschrumpelte Wurzel mit einem daran aufgespießten Ziegenskalp. In seine Augen sind rote Rubine eingelassen. Sein samtiger Griff schloss sich wendeltreppig um drei spitze Krallen. Sie gab die wichtigsten Kommandos präzise durch Morsezeichen. Das schwarze Haar borstiger Haarstümpfe gab Aufschluss: Jade kontrollierte erbarmungslos *von einer riesigen Tarantel aus, sitzend, Milliarden unbekannter Kreaturen. Die Geschöpfe der Nacht tanzten zu ihrem Takt, denn durch die dunkle Bedrohung scharten sie sich meilenweit. Wie Ameisen, die sich anschickten, den morbiden Zerfall ihres Leckerbissens unbedingt zuvor zu zersetzen. Sie kamen alle nur, um Jade zu dienen. Die Ghouls, die Wraights und die Skelette ließ sie im Norden sich aus der Erde buddeln. Schon schaufelte sich ein skelettierter Arm aus dem Untergrund.*

»Gute Handwerker – sie können Gräben ausheben«, alarmierte sie Orks und Goblins aus dem Süden. Dunklen Elfen und schwarzen Hexen signalisierte sie mit ihrem Bogen, ihr auch zu Hilfe zu eilen. Die rechte Faust zum Himmel, der schwarze Drache, ihr Liebling »Draak«. Er hatte ihr doch schon in vielen Kämpfen treu beseitegestanden, sie tätschelte ihm nur oberflächlich den Hals. Er sollte sich ja sogleich wieder hoch in die Lüfte schwingen, um gemäß ihrem teuflischen Plan die Mission zu Ende zu bringen. Beide Arme nach unten faustend beschwor sie das grüne Auge eines Hurrikans. Der mystische Zirkel Wind böte ausreichenden Schutz vor Gegenfeuer. Der giftgrüne Zug einer Raserei, die keine echte Gestalt abbekommen hatte. Der krallenüberwucherte Stab schwang gnadenlos in den Rücken der Spinne. Ein schrilles Blöken war das Signal zum Angriff – endlich war es soweit. Die Schwerter der recht unterhaltsamen Gesellschaft begannen, laufmaschenartig zu klirren. Undeutliche Fratzen schrien schlachtviehmäßig. Die meisten hatten wohl spitze Ohren und scharfe Zähne. Die waren dann wohl nicht von dieser Welt. »Vorwärts«, keifte sie und die Erde bebte. Rot funkelte ihr Zepter auf und die rindviehartige Horde stierte vorwärts. Die roten Augenpaare setzten Gleichschritt. Schattige Schemen von Federn flogen weit ins feindliche Territorium, dieses auszukundschaften. Die Truppen schwadronierten, das grüne Fleckchen zu befrieden. Die roten Zentauren spannten ihre Sehnen. Zu Recht – denn der Feind war nicht mehr weit.

Ruhig schlief eine stille Festung, umgeben von einem See kristallklaren Wassers. Weiß strahlten die Zinnen und golden leuchtete das Tor der Sonne auf. Die Wachen auf den Zinnen rannten ohne Kontrolle wild durcheinander. Sie hatten große Furcht. Ständig kamen sie sich in die Quere – die schwarzen Wirbel und weißen Blitze der grauen Wolken aus der Ferne verschreckten sie. Je näher sie kamen, umso mehr erzitterte der Boden; fast schon rhythmisch. Schnell wurden auch hier die letzten spärlichen Verteidigungsanlagen in Stellung gebracht. Die Atmosphäre bebte gespannt. Gerade mal drei Haubitzen und zwei Wachtürme, das war alles. Das Beben ließ die Erde schon fast erzittern und schließlich erkannten die Wächter die Gefahr. Ein lodernder Lindwurm kroch durch den dichten Wald. Alles, was er berührte, fing sofort Feuer. Er hatte weder Kopf noch Schwanz und doch bewegte er sich unaufhaltsam in ihre Richtung. Die gigantische Feuerwalze schwarzen Nebels verriet die raffinierte Tarnung. Dieser Drache demaskierte sich zu dem, was er war: ein Fackelmarsch aller abstoßenden Raubtiergemische. Die wenigsten gingen auf zwei Beinen, die Mehrheit hob ihre Krallen sogleich in die Luft. Panik schäumte jetzt über auf der letzten Insel Licht. Die Wölfe brachen wie ein Unwetter herein und malten den Himmel pechschwarz. »Die seh'n aber schon sehr mitgenommen aus«, lehnte sich ein besonders mutiger Offizier spuckend zu einem halb verwesten Prachtexemplar hinunter. Krachend rammte plötzlich ein flammender Stein die Mauer und löste sich zischend in ihm auf. Von dem Offizier sah man wohl seitdem nicht mehr viel, da er ernsthaft versuchte, die erdrückende Ladung eines Katapultgeschosses aufzufangen. Die Last war wohl dann zu schwer. Die schwarze Wolke Düsterkeit hing nun direkt über der Zitadelle. Ein dunkler Strudel aus zahllosen Drachen. Sie stürzten sich wie Haie auf einen Fetzen Fleisch. Ihre Krallen zogen schwarze Furchen in die Grundmauern. Dabei hatten sie richtig Spaß, unerträglich zu kreischen, und kannten weder Erbarmen noch Mitleid; sie unterschieden weder Frau noch Kind. Das Feuer fraß sich durch Gestein wie Säure durch Papier. Es roch beißend nach verbranntem Fleisch. Viele Schreie verschluckte dieses Inferno ungehört. Die Blitze, die dann folgten, erledigten den gröbsten Rest. Es brauchte nicht viel, das schwere Fundament von oben her niederzureißen. Blutige Äderchen zogen sich schon tief hinein. Sofort brach Angst in ungeord-

neter Bewegung aus. Ein kurzer Ruck und ihr Horn pendelte zur Brust. Die zweite Welle wurde angekündigt. Jade blies es amazonengerecht und schon stürmten die Truppen in den Nahkampf. Es ging alles viel zu schnell. Viel zu viele Bewegungen gingen im allzu stockenden Handgemenge unter. Der Rammbock rieb sich nur zehn Mal, ehe das Tor barst. Ein guter Rammbock – oder ein schlechtes Tor? Schließlich leistete Jade doch auch ihren zwar kleinen, aber unverkennbaren Beitrag: Eine winzige Handbewegung und ihr Sichelmondsiegel prangte wie von Geisterhand an den feindlichen Pforten. Die grün flammende Spirale fräste sich wie ein Knoten linksseitig zusammen und sprengte ein großes Loch. Den letzten Rest erledigten dann festgezurrte Widerhäkchen und schon schlugen sich sausende Äxte ihren Weg hinein. Orangene Bläschen glommen durch Jades Handfläche. Der rote Flammenkeil verdrillte sich zu einer mehr als kopfgroßen Feuerquaste. Die Magmakugel zog kreischend an den makabren Gestalten vorbei und prallte gegen die letzte Barrikade. Sie kroch gleißend am schwer rangierten Tor hinab. Der heiße Funkenregen unterschied weder Freund noch Feind – er diente der reinen Zerstörungswut. Qualvolle Schreie, vom Todeskampf verzerrt. Eine weitere Welle prasselnd blau qualmender Feuerbälle schoss durch den entstandenen Riss. »Das müsste doch einigen Schaden verursacht haben«, rieb Jadesich verschmitzt die Hände. Schwarzer Rauch und verzweifelte Schreie konnten nur einen Bruchteil des ganzen Ausmaßes dieser sinnlosen Zerstörung vermuten lassen. Sie gab das dritte Signal und schoss ihren Bogen. Spielerisch, wie bei einer Harfe, entspannte sich die Saite. Ein grüner Pfeil surrte ohrenbetäubend durch die Luft und zerstäubte im Himmel. Sie wollte ihren Sieg doch gänzlich auskosten. »Ein wahres Freudenfest«, lachte Jade hexenhaft. Schon stürmte die Gewalt in die Mauern. Denn die Armee wollte doch unbedingt ins Allerheiligste vorstoßen. Ein Krieg, an dem wohl keiner so richtig Schuld hatte; eine Schlacht, für die wohl niemand die Ursache so richtig zu erklären vermochte. Sicher war man sich nur in diesem Punkt: Die Angreifer fühlten sich stets benachteiligt bei ihrem Eigentum. Das holten sie sich dann nur zurück. Haarsträu-

bende Trolle fegten im Marsfeld neuen Platz frei. Köpfe rollten, Arme flogen. Die Glücklichen fanden schnell den Tod. Giftige Echsenmänner und nagelbespickte Keulenträger pflügten die zweite Bahn. Schon nach dieser »leichten« Welle war die Ebene mit unkenntlichen Gliedmaßen überpflastert. War das ein Bein? Die wenigsten überlebten – wenn, dann nur außerhalb der Burg. Die wenigen Übrigen entschlossen sich somit, im Kampf »Mann gegen Kreatur« zu fallen. Der Gegner war ungleich stärker, zahlenmäßig weit überlegen. Und auch noch technisch war er gravierend im Vorteil. Ganz schön unfair. Schwarz rußend brannten die Häuserdächer der ganzen Stadt. Viel war nicht mehr von den Mauern übrig. Als ein Experte auf dem Gebiet der Strategie entpuppte sich selbst dieser kranke Spinnendämon. Mit links zog er jetzt die Maschen des teuflischen Netzes ganz zusammen. Dieser Satan von einer Hexe, eine Spinne reitend. Der äußere Kreis einmal entfesselt, fiel ebenso schnell die innere Barriere in sich zusammen. »Der Kampf ist hoffnungslos verloren«, schnaufte ein letzter Atemzug. »Warum?«, streckte sich eine blutige Hand in den Himmel. Sie versuchte verzweifelt, den nächsten Hieb abzuwehren, der ihr den Schädel spaltete. Eine Axt im Kopf besiegelte das Unvermeidbare: Die Truppen im Gemäuer starben von Pandoras Hand wie die Fliegen; sie hatten keine Chance. Sie hätten nie eine gehabt.

Die weiße Tür zum Gemach brach unüberhörbar in viele holzige Splitter. Der Türrahmen barst in unzählbar winzige Dolche. Noch ein Stoß, und sein Versuch, die gefährliche Ladung abzuwehren, hielt kaum dem nächsten stand. Auf dem Bett saß nur ein kleiner, blonder Junge. Er wartete schon sehr viele Jahre auf diesen einen Moment. Fast wie in einem Todeszellentrakt; jetzt war seine Zeit endlich gekommen. Das ließ ihn überraschenderweise auf einmal lächeln. »Seltsam. Warum kommt denn niemand herein?«, wunderte er sich. Nichts verlierend,schritt er zur aufgebrochenen Tür. Die Geräusche des Kampfszenarios waren mit einem Mal verstummt. Vorsichtig um die Ecke zur Tür hinausgespitzt. Die zerfressene, halb entstellte Fratze eines zersprungenen Rahmens der Zerstörung gab neuen Aufschluss über das vorangegangene Desaster. Die verklungenen Geräusche waren nichts, verglichen mit dem makabren Bild kalten Entsetzens, das sich ihm jetzt bot. Abgelenkt, von diesem Anblick blanken Hasses gebannt, lässt er das Prunkzimmer hinter sich nur einen Augenblick außer Acht. Schon beginnt sich die Tapete schwarz zu adaptieren. Latente Schwaden zogen violett in den Raum. Ein schwarzes Pulver stäubte entlang des Fußbodens und zog sich wie Eis auf ein Kryogenblech. Wie ein Geschwür schlich sich das Virus in den geöffneten Spalt. Violetter Rotz sammelte sich und die Wände phosphoreszierten nasenartig zum Boden. Das unbezahlbare Mobiliar wurde zu einem dunkelgrauen Fischschatten. Zum letzten Gnadenstoß sich aufbäumend, verfestigte sich der Purpur hoch über ihm. Die gefährliche Lanze zielte direkt auf sein Herz hinab. Seine Augen sahen unschuldig in sein Herz. Der Pfeil war gespannt, nur um die Beute zu erlegen. Die Viper kringelte sich, nur um aus höchster Spannung schließlich vorzuschnellen. Sogleich schoss der Speer sekundenschnell, sein Werk jetzt auch wirklich zu vollenden. Der Griff einer federleichten Hand um rostiges Braun. Das war alles, was wirklich nötig war. Das Violett verfärbte sich zart, um zu zerfließen. Der übereilte Vormarsch erstarrte schlagartig und erschrak. Er hatte keine Angst. Ein weißer Laser durchzuckte die käsig bleichen Gesichter wie Stroboskoplichtschatten. Diejenigen, die wurzelten oder nicht schnell genug liefen, zersprangen sofort in die kleinsten Partikel. Die anderen rannten noch wenige Meter im besten Fall. Er trennte Licht von Dunkelheit und alles, was er traf, färbte sich rosa. Die Pandemie des schwarzen Teilchens löste sich im selben Moment zu einem Nichts und das Kind vergoss eine Träne. Der Raum war jetzt energetisiert. Seine Wände verschmolzen in der hellblauen Ebene. Er winkte zu Jade rüber. Er bedeutete ihr, herzukommen, und sie kam.

»Vor langer Zeit wurde ein Stern des Nachts geboren. Dieser Stern strahlte heller noch als alle Sterne vor oder nach ihm. Denn dieser Stern sollte der erste aller Sterne sein und bleiben«, harmoniert ein Kanon angenehm weich. »Doch es sollte ebenso weitere Sterne danach geben und die Zeit wusste diesen gravierenden Unterschied bitter zu rächen.

So kam es, dass der eine sich, aus diesem Grund heraus, viel weniger geliebt fühlte als die anderen nach ihm. Er war schließlich gezwungen, den Ursprung aller anderen halten zu müssen«, melodierten die Kadenzen. »Eine schwere Bürde, viel zu schwer für nur einen einzelnen Stern. Das zeigten uns die vergangenen Dinge«, säuselte es warm. »So teilte der Stern sich selbst in sich, um diese Leere anzugleichen. Er schaffte sich einen eigenen Hohlraum, mit einer eigenen Sphäre, und somit schuf er sich seine eigene Sonne«, reimten die cremigen Stimmen. »Er bedachte nicht, dass das neuwertige Schaffen die bereits vorhandenen Familien zerstörte. Seinem fanatischen Rausch stets hinterherhinkend, etwas Neues vergebens ›besonders‹ zu heißen. Er schaffte sich immer das nächste Glied seiner eigenen Kette der Unkenntlichkeit. Der Preis der Freiheit liegt im Vergessen. Der Baum fraß seine eigene Wurzel. Die Schlange biss sich in den eigenen Schwanz. So gerissen sein Werk auch war, beurteilten wir diese Idee – als äußerst kreativ.« Es setzte eine Denkpause ein. »Nur aus der schwärzesten Finsternis entsteht altes Licht – Wahrheit. Alles andere ist reine Trübung.« »Weißt du, was passiert, wenn sich ein Stern teilt, Jade?«, drang es in ihr Ohr. Es gab keinen Raum, keinen Körper … sie schmiegte sich in reine, grüne Stimmen. »Er schafft sich seinen eigenen Raum mit einer eigenen Realität. Er stellt sich in sein eigenes Licht als Raum – denn Licht bedeutet somit Zeit. Der Ursprung der Sterne benötigt doch stets eine gewisse Zeit, um die Erde zu erreichen, Jade.« Warmes Laub kuschelte sich um ihre weichen Gelenke. »Mit anderen Worten, du bestimmst als die gegenwärtige Zukunft den künftigen Verlauf deiner schon lange zuvor abgeschlossenen Vergangenheit. Die Achse eines Rades, der Stillstand, beschränkt die größte Drehung lediglich in der Bewegung aus sich heraus. Wie kann etwas jemals nur beschließen, versuchen zu wollen, schneller zu sein als man selbst – um so letztendlich zu sich zu finden? War dir das nicht klar, Jade?« »Nein«, ihre Augen klappten müde zu. Ein leises Rascheln von Blättern im Wind …

Kapitel 9

A: »Grüß dich; ;D; guten Tag.«

F: »Schön, dich zu sehen, Ariel. Wie geht es dir denn?«

A: »Prima. Danke der Nachfrage. Wir haben draußen ja auch ein herrliches Kaiserwetter.« *lächelt*

A: »Ist doch herrlich?«

F: »Ja, ist so. :)«

A: »Wie geht es denn selbst so?«

F: »Auch gut!«

F: »Bist du jetzt zufrieden mit deinem Leben?«

A: »Ja; und wieee! ;))))))))))))))))«

F: »Na, dann wär ja meine Aufgabe hier erledigt.«

A: »:)«

F: »Das war wirklich keine leichte Geburt.« ;) * mal aufstöhnt*

A: »War es wirklich nicht.« *nick, nick*

A: » … irgendwie war es ganz schön ineinander verschachtelt, um es je nachvollziehen zu können – also ganz und gar, meine ich.«

A: » … zu chaotisch, um es zu durchblicken.«

F: »Nein, Ariel! Ganz und gar nicht. Das hast DU dir eben eingebildet.«

F: »Im Prinzip ist alles einfach. DAS ist schwierig zu akzeptieren.«

A: »Alles ist einfach, wenn man es eben will. Ich glaube, ich habe das jetzt verstanden.«

F: »NICHT WOLLEN, Ariel ;(*kopfschüttelt* – MACHEN!«

A: »Ah … Ich verstehe gut. Ja.«

F: »Dann mach's doch mal gut, Jade. ;D«

A: »HAAALT. Stehen geblieben!«

A: »Nicht so hastig!«

F: *mal stramm steht* »Gibt's doch noch was hier?«

A: »Eine Frage hab ich dann doch noch. Wie geht es denn jetzt weiter?«

F: »Hm?«

F: »Lass dich doch einfach mal überraschen, wenn's auf dich zukommt. ;)«

A: »Okay. :)«

A: »Entweder gefällt's mir oder wir werden uns bald wiedersehen. ;)«
F: »Ich geb dir gleich … ;D«
A: »Ich dank dir für alles.«
F: »Ich danke dir für nichts. ;)«
F: »Auf Wiedersehen, Jade.«
F: »Mach's gut. :)«
A: »Mach das Beste. C U :) *winkt mal*«

*** Connection closed on Thursday, 12th March 2020, 5:15:23 ***